管理者股票期权激励风险承担效应研究

李春玲 邵 军◎著

The Risk-taking Effect of
Manager Stock Option Incentive

图书在版编目（CIP）数据

管理者股票期权激励风险承担效应研究/李春玲，邵军著 . —北京：经济管理出版社，2020.6

ISBN 978 - 7 - 5096 - 7230 - 3

Ⅰ.①管… Ⅱ.①李… ②邵… Ⅲ.①上市公司—股权激励—风险管理—研究—中国 Ⅳ.①F279.246

中国版本图书馆 CIP 数据核字（2020）第 109294 号

组稿编辑：何　蒂
责任编辑：何　蒂　钱雨荷
责任印制：黄章平
责任校对：赵天宇

出版发行：经济管理出版社
　　　　　（北京市海淀区北蜂窝 8 号中雅大厦 A 座 11 层　100038）
网　　址：www.E - mp.com.cn
电　　话：（010）51915602
印　　刷：北京玺诚印务有限公司
经　　销：新华书店
开　　本：720mm×1000mm/16
印　　张：11
字　　数：198 千字
版　　次：2020 年 8 月第 1 版　2020 年 8 月第 1 次印刷
书　　号：ISBN 978 - 7 - 5096 - 7230 - 3
定　　价：68.00 元

·版权所有　翻印必究·
凡购本社图书，如有印装错误，由本社读者服务部负责调换。
联系地址：北京阜外月坛北小街 2 号
电话：（010）68022974　　邮编：100836

摘　要

为了使企业在激烈的市场竞争中立于不败之地，管理者必须勇于承担风险。但由于不能充分分散投资，管理者通常比股东更加厌恶风险。而深受"集体主义"和"中庸之道"影响的中国企业往往更不愿意冒险，这无疑会破坏企业的长期盈利能力。

作为一种凸性薪酬，股票期权激励经常被西方企业用于解决风险方面的代理问题。中国上市公司实施股票期权激励的历史很短，只有十几年，无论是激励制度自身的完善性还是其所处的制度和文化环境，均与西方发达国家有很大差异。那么，管理者股票期权激励是否能提升我国企业的风险承担水平？对企业业绩有何影响？股票期权激励又是通过何种渠道对业绩施加影响的？本书试图结合中国独特的文化和制度背景找到这些问题的答案，这对于完善我国的股权激励制度具有重要的理论和现实意义。

股票期权激励可以产生利益协同和风险承担两种效应，但国内前期文献大多聚焦于利益协同效应，对风险承担效应的关注较少，并且经验证据很混乱。因此，本书采用规范与实证研究相结合的方法，用股票期权价值对股票收益波动率的敏感性（期权 Vega）衡量期权风险承担激励，对我国上市公司实施股票期权激励的风险承担效应展开研究。

本书的基本研究思路如下：首先，检验我国上市公司管理者股票期权的风险承担激励是否能提高企业的总体风险承担水平。由于企业总体风险承担水平是执行具体政策的结果，本书也检验了实施期权激励后企业政策选择中的风险承担。为深入认识制约股票期权激励风险承担效应的边界条件，本书又进一步对企业前期风险承担水平和可用资源的调节作用展开分析。其次，分别对管理者股票期权风险承担激励和企业总体风险承担水平与业绩之间的关系展开研究。最后，本书检验了企业总体风险承担水平在股票期权风险承担激励与业绩之间关系中的中介效应。

本书的主要研究结论如下：

第一，我国企业实施管理者股票期权激励的确能减轻与风险相关的代理问题。具体而言，管理者股票期权的风险承担激励能提升企业总体风险承担水平，促进企业实施风险更大的投资、融资和纳税政策。并且，当企业原有风险承担水平较低、流动性较强以及借款能力较强时，股票期权风险承担激励与企业风险承担之间的正相关关系更显著。

第二，管理者股票期权的风险承担激励能同时促进企业市场业绩和会计业绩的提升。

第三，企业的总体风险承担水平与业绩正相关。

第四，企业总体风险承担水平在股票期权风险承担激励对业绩的影响中起到部分中介作用。

总之，本书的理论分析和实证检验结果证明，我国企业实施的股票期权激励能够缓解风险承担方面的代理问题，并带来企业业绩的提升。

本书检验了中国企业实施股票期权激励的效果，丰富和拓展了国内关于股权激励的相关文献，对于我国完善股权激励制度有一定的指导意义。本书的理论贡献主要体现在以下方面：

第一，本书以股票期权的风险承担激励为立足点，围绕股票期权激励、企业风险承担和企业业绩构建一个完整的理论框架。前期文献通常割裂地分析其中两个要素之间的关系，本书弥补了前期文献研究范式上的不足。

第二，本书首次分析了企业资源对股票期权风险承担效应的调节作用，这有助于加深对影响我国企业股票期权激励效果的边界条件的理解。

第三，不同于以往文献，本书使用以净利润为基础的会计利润波动率衡量企业的总体风险承担水平，这扩展了反映企业风险承担的衡量指标。另外，前期文献通常仅关注股权激励对企业投融资政策的影响，本书将研究对象扩大到企业纳税政策，故拓展了现有风险承担文献的研究范围。

第四，前期文献大多仅关注公司高管股权激励，本书将研究对象扩展到包括中层管理者在内的整个管理层，这有助于增加股权激励研究文献的完整性。

Abstract

As an important path to generate and maintain competitive power, corporate risk taking is critical to the success of a company. In recent years, there is an increasing public concern about corporate risk taking. It is also the pillar to support the long term growth of a company. However, due to the lack of long term incentive mechanisms and the limited decision – making power as well as the impacts of "doctrine of golden mean" and "collectivism", companies in China are generally unwilling to be engaged in risk – taking activities. This damages the company's long term development and competitiveness, leading to a serious problem.

The view of the Agency Theory that incentives linked to equity, particularly stock options, could encourage managers to undertake risk – increasing activities is widely shared by investors and policy makers, and is supported by findings in some western academic research. China's company has formally implemented equity incentive for less than 20 years, there are many differences in its maturity and institutional environment. Then, what economic consequences can be caused by stock options? How can stock options influence corporate risk – taking behavior? More specifically, whether and how equity incentives affects firms' investment, finance and tax policy? what is the effect of stock options on corporation performance? Theoretically and empirically answer to these questions has extremely important theoretical and practical significance for equity incentives system which is currently prevailing in the China's capital market.

There have been a large number of literature articles concerning the executives' opportunistic behavior during the phase of the design, announcement or award of equity incentive. For example, there are some literatures studying on the earnings management and profit manipulation, which is a manifestation of managers' power theory. However, analyses of the positive effect of equity incentive are limited, and they have mainly concentrated on the incentive compatible effect of the equity incentive, ignoring the risk-taking incentive effect.

Although the equity incentive in foreign countries has been mature, whether the introduction of equity incentive to China turns out to be effective is a problem worthy of study. Using sensitivity of executives' wealth and stock price (Delta) to measure the incentive compatible effect, and sensitivity of executives' wealth and stock return volatility (Vega) to measure the risk taking effect, this paper empirically tests the relation between equity incentive and enterprise's risk taking and risk decisions. We find that Vega is positively related to risk taking. We find that Vega is positively related to aggregate risk taking. In terms of corporate policy choice, we also find that Vega is positively related investment size, R&D and industry concentration, asset-liability ratio, and effective tax rate. However, this improvement was more significant when prior risk is bigger and when the managers have more available resources. And furthermore, the results show that both stock options incentive and the risk taking brought about by companies which have implemented stock options incentive improve the corporate performance. Finally, we verify that risk-taking can mediate the effect of stock options on corporate performance.

This research confirmed the incentive effect of Chinese equity incentive. It not only riches and expands the research on the executive incentive in China, but also have some implications for the design of Equity incentive program in the next stage.

This paper attempt to do several exploratory researches on the problem of equity incentives, which may expand current literature in the following aspect: First, building on stock options incentive, this dissertation constructs a comprehensive theoretical Frame work of executive equity incentives, which helps make up for research paradigm of separately examining executive incentives effects, risk-taking and corporate performance.

Second, this dissertation pays attention to the background of China's special institutional environments, analyses and verifies the impact of executive equity incentives on firms' risk-taking, which provide new direct empirical evidence on economic consequences of implementing executive equity incentive system in China's capital market.

Third, this dissertation use some new measures for corporate risk-taking, which expand the measurement indicators that reflect the enterprise's risk-taking. In addition, the previous literature usually only focused on the impact of equity incentives on corporate investment and financing policies. This article expands the research object to corporate tax policies, so this article expands the existing research scope of risk – taking literature.

Finally, by introducing corporate risk – taking as a bridge, this dissertation breaks in current literature on studying the direct impact of executive equity incentives on enterprise value, which provide an important perspective to equity incentives effects, Meanwhile, this paper attempts to jump out of previous research framework in which separately studies investigate the relations among executive equity incentive, risk – taking and corporate performance.

目 录

第一章 导 论 ·· 1
    第一节 选题背景 ·· 1
    第二节 研究目的和意义 ·· 4
    第三节 概念界定 ·· 7
    第四节 研究内容、方法与技术路线 ·· 12
    第五节 研究的创新之处 ·· 17

第二章 文献综述 ·· 18
    第一节 股票期权激励与企业风险承担的相关研究 ························ 18
    第二节 股票期权激励与业绩之间关系的相关研究 ························ 34
    第三节 风险承担对企业业绩影响的相关研究 ······························ 40
    第四节 文献评述及研究切入点 ·· 41

第三章 制度背景和理论基础 ··· 47
    第一节 制度背景 ·· 48
    第二节 理论基础 ·· 65

第四章 管理者股票期权风险承担激励对企业风险承担的影响 ········· 70
    第一节 理论分析与研究假设 ··· 70
    第二节 研究设计 ·· 84
    第三节 实证结果 ·· 93
    第四节 进一步研究企业特定因素的调节作用 ···························· 108
    第五节 本章小结 ·· 112

第五章 管理者股票期权风险承担激励对企业业绩的影响 …… 114

第一节 理论分析和研究假设 …… 114
第二节 研究设计 …… 116
第三节 实证结果 …… 117
第四节 本章小结 …… 122

第六章 企业总体风险承担水平对企业业绩的影响 …… 123

第一节 理论分析和研究假设 …… 123
第二节 研究设计 …… 125
第三节 实证结果 …… 126
第四节 本章小结 …… 129

第七章 风险承担在期权激励与业绩关系间的中介效应检验 …… 130

第一节 理论分析和研究假设 …… 130
第二节 研究设计 …… 131
第三节 实证结果 …… 132
第四节 本章小结 …… 135

第八章 结论与启示 …… 137

第一节 研究结论 …… 138
第二节 政策建议 …… 140
第三节 研究不足之处和未来研究方向 …… 142

参考文献 …… 144

第一章 导 论

第一节 选题背景

所有权和经营权分离导致的委托代理问题是现代企业必须面对的重要问题。代理理论认为，在委托代理关系中，委托人与代理人之间存在两种重要矛盾。一种是信息不对称环境下委托人和代理人之间的利益目标分歧，通常被称为利益协同问题。另一种是委托人和代理人对待风险的态度不同，通常被称为风险承担问题。

由于可以通过持有多个公司的股份来分散风险，作为委托人的股东对单个公司的风险偏好是中性的。但对于作为代理人的管理者来说，由于其具有高度专用性的人力资本绑定在所服务的公司上，无法通过多元化投资对冲风险，所以管理者人力资本的安全性与其所任职公司的特殊风险高度相关，因此管理者很可能会放弃高管风险高回报的项目，以避免经营失败威胁到其人力资本安全。而且，有时候管理者会持有本公司的股票，但公司却不允许其出售或进行套期保值，因而企业经营风险对管理者个人财富的影响更大，这也会增加管理者对公司特定风险的厌恶程度。管理者的风险厌恶将给风险中性的股东带来机会成本。虽然股东希望管理者按照股东利益最大化原则做出决策，努力工作并实施所有净现值大于零的项目以增加股东价值。但作为代理人的管理者却很可能按照其自身效用最大化原则去选择项目，因此，企业经常会出现管理者为规避风险而放弃正净现值项目的情形。

为解决委托代理关系中的两种重要矛盾，股权激励制度应运而生。股权激励起源于美国，后逐渐扩散到其他国家。实施恰当的股权激励能有效缓解利益协同问题和风险承担问题，因为股权激励能产生利益协同和风险承担两种激励效果。利益协同激励能降低管理者与股东之间在利益目标上的分歧，而风险承担激励可以减少管理者的风险厌恶程度，激励管理者投资于风险较大的项目。

股票激励和股票期权激励是股权激励的两种主要形式。由于股票激励是一种线性激励，而股票期权激励是一种凸性激励，所以股票期权经常被股东当作解决风险承担问题的"灵丹妙药"。股票期权能降低管理者风险厌恶程度的观点在投资者和政策制定者中流传已久，并且得到很多实证证据的支持。但是，2008年爆发的金融危机引起了人们对企业过度风险承担的关注。美国公众普遍认为，"太多的股票期权被授予了太多的人"（Hall 和 Murphy，2002），股票期权激励是华尔街高管过度追逐风险的重要原因。另外，股票期权也经常因公司财务舞弊丑闻而成为舆论焦点，期权薪酬的广泛运用对会计系统提出了挑战，很多人认为安然公司和世通公司财务造假事件的诱因就是对高管实施了过度的股票期权激励。在这种背景下，股票期权激励对企业风险承担的影响日渐成为学术界关注的热点问题（Zeng 等，2014；Angelis 等，2017；Bolton 等，2010）。

我国于20世纪90年代开始探索实施股权激励制度，但由于受到当时法律环境和社会经济环境制约，我国企业早期的股权激励实践经历了很多波折。直到股权分置改革成功、《证券法》《公司法》和《上市公司股权激励管理办法》等相关法规逐步完善之后，我国上市公司的股权激励才进入快车道。从2006年开始，实施股权激励的上市公司数量一直呈现逐年增加趋势。

股权激励的目的是为了解决代理问题。那么，我国上市公司20多年的股权激励实践到底成效如何？我们并不能从国外现成的理论中找到问题的答案，因为中国在资本市场、公司治理、股权结构和社会文化等诸多方面都有不同于西方国家的特殊之处。

从资本市场看，我国资本市场历史较短，监管尚不够完善，投资者经验有限，股票价格经常不能反映企业的真实业绩，因而高管股权薪酬的风险很大，这很可能会削弱股权激励的效果。

从股权结构上看，由于我国很多上市公司的控股股东是政府，各级政府及其主管部门往往对董事会和监事会成员有很大的任免权，中国很多上市公司的董事会充斥着内部人控制和政治关联，因此董事会制定的股权激励方案未必能代表所有股东的利益。另外，上市公司控股股东的国有产权性质也使国有资产流失成为一个敏感话题，这有可能阻碍我国股权激励制度的发展和完善，尤其是会限制国有上市公司股权激励的实施力度。实际上，我国证监会、财政部、国资委等相关部门专门出台了一系列针对国有控股上市公司股权激励的特殊规定,对国有控股上市公司实施股权激励的条件、对象、业绩要求、激励比率等做出详细说明。这些规定的一个客观后果就是将国有控股上市公司实施股权激励的力度控制在较低水平上。由于我国上市公司在制定股权激励方案时经常相互效仿(支晓强等,2014),国有控股上市公司股权激励的低水平也传导到其他上市公司,导致我国上市公司整体股权激励水平都比较低,这自然会削弱我国企业实施股权激励的效果。

从上市公司的治理功能上看,中国上市公司的治理结构与德国的"双层委员会制"比较相似,二者都包括董事会和监事会,但这二者又存在重要区别。在德国的股份制公司中,董事会隶属于监事会,监事会又隶属于股东大会,三者是上下级关系。监事会是德国股份制公司的控制主体,不参与执行公司具体业务,其主要职责是监督董事会,除了持续监督董事的经营管理活动,还有权力决定公司董事的任免。董事会负责公司政策的拟定及公司业务的执行。而中国上市公司的董事会和监事会都由股东大会任命并向股东大会报告。中国上市公司的监事会比在德国体系下权力更小,它们并没有权力选择或开除董事会成员。因此,中国上市公司的治理结构在实践上更像是安格鲁—撒克逊和德国"双层委员会制"的混合体(Allen 和 Qian, 2005)。由于缺乏有力的监督机构,中国上市公司董事会的实际权力很大。Chen、Fan 和 Wong(2006)研究了 1993~2001 年中国 621 个上市公司的董事会,发现其中 52% 的董事是公司最大股东的前任或现任员工,32% 的董事是政府部门的前任或现任官僚。这不禁让人怀疑中国公司的董事会是否能代表广大中小股东的利益。另外,中国董事会的规模不完全因公司需要而定,而是受限于特定法规,这导致各公司董事会规模的差异很小。因此,中国董事会的治理效率有可能对股权激励方案的制定和执行产生不利影响。

文化差异也会在中国公司的政策选择中扮演角色。中国是一个强调中庸之道、重视集体主义的国家。Hofstede(1985)以及 Hofstede 和 Minkov(2010)开展的国家文化调查表明,从文化特点上看,中国甚至比日本还重视集体主义,这与重视个人主义的美国形成鲜明对比。社会心理学研究表明,由于社会成员倾向于遵守社会规范(Doupnik 和 Tsakumis, 2004),如果团体价值相对谨慎(冒险),群体决策就可能比个人决策更谨慎(冒险)。低个人主义的文化更强调团体凝聚力。一些证据表明在个人主义较低的社会中,公司会有较低的风险承担关系(Li、Griffin 和 Yue 等, 2013;Han、Kang 和 Salter 等, 2010)。因而,中国管理者的风险厌恶倾向也许更强。

虽然国外前期文献指出，授予管理者股票期权能影响企业风险承担行为和企业业绩，但并没有得出一致的实证结论，而且国外文献对于股票期权激励影响企业风险承担的具体路径也未形成一致意见。同时，由于中国独特的经济、文化和制度背景，国外关于股权激励的研究成果未必能照搬到中国。涉及上市公司股权激励问题的国内文献很多，但这些研究仍相对粗糙。早期研究通常仅关注高管持股的影响，多数文献没有区分具体的股权激励形式，因而也不能辨别股票激励和股票期权激励的不同影响。而且，前期国内文献对股权激励的利益联结效应分析较多，很少关注股权激励的风险承担效应，聚焦于管理者股票期权风险承担问题的研究更是寥寥无几。虽然近期有学者使用股票期权对股票价格的敏感性指标开展了几项关于企业风险承担的研究，但这些研究仅局限于企业高管，并未包括其他企业管理者。由于中层管理者也可能影响企业的风险承担，因此有必要将研究对象范围拓展到高管以外的管理者。

正如 Seidman 和 Stomberg（2016）所指出的那样，离开股票期权的风险承担效应去分析股票期权激励的效果是不完整的，有必要全面考察我国企业管理者股票期权激励对企业风险承担的影响以及这种影响的经济后果。因此，本书将基于我国独特的经济、文化和制度背景，以实施股票期权激励的沪深两市 A 股上市公司为样本，通过理论分析和实证检验，对我国企业实施股票期权激励的风险承担效应做深入分析。

第二节　研究目的和意义

一、研究目的

股票期权激励是我国上市公司实施的一种主要股权激励方式。虽然近些年来美国上市公司中出现了用限制性股票取代股票期权的倾向，但是在我国实施股票期权激励的公司数目却仍然呈现逐年增长的趋势。随着实施股票期权激励的中国上市公司不断增加，管理者股票期权激励的实际效果受到学术界和社会公众越来越多的关注。

股权激励有可能产生两种效应，一种是利益协同效应，另一种是风险承担效应。利益协同效应是指管理者因持有股份而与股东之间共享收益和共担损失。风险承担效应是指股权激励有助于降低管理者的风险厌恶，减轻因管理者与股东风险偏好不同造成的企业价值损失。相对于股票激励方式，股票期权薪酬在激励企业增加风险承担上具有特殊的优势，因为股票激励是一种线性激励，而股票期权激励是一种凸性激励，股票期权的价值是股票价格波动性的增函数，从而有可能缓解管理者的风险厌恶问题。

目前国内研究大多只涉及股票期权的利益协同效应，对股票期权的风险承担效应关注很少，并且尚未形成一致意见。由于股票期权的风险承担激励对于股权激励的最终效果至关重要，因此本书的主要目的是以我国上市公司实施的管理者股票期权激励为切入点，结合中国独特的经济、文化和制度背景，对我国上市公司管理者股票期权的风险承担效应展开深入分析，确定管理者股票期权风险承担激励对企业风险承担和业绩影响的方向和具体路径，并通过实证检验提供经验证据。

本书共包括六个子目标：

目标一，从理论上分析管理者股票期权风险承担激励对上市公司总体风险承担水平的影响，然后在理论分析的基础上，针对股票期权风险承担激励对企业总体风险承担水平的影响提出假设，并且用股票期权 Vega 衡量管理者股票期权风险承担激励，以市场收益波动性和会计利润波动性两类指标衡量的企业总体风险承担水平，利用上市公司数据对这些假设进行实证检验。本书使用的市场收益波动性指标是指股票收益率波动性，本书采用了三个指标衡量会计利润波动性，包括总资产收益率波动性、净资产收益率波动性和投入资本净利率波动性。

目标二，从理论上分析管理者股票期权风险承担激励对企业面临风险时的具体政策选择的影响，并对这种影响进行实证检验。首先，本书将研究管理者股票期权风险承担激励对投资政策的影响。其次，将探讨管理者股票期权风险承担激励对筹资政策的影响。最后，分析管理者股票期权风险承担激励对企业纳税政策的影响。

目标三，分析制约管理者股票期权风险承担激励对企业风险承担影响的一些边界条件，并进行实证检验。这些边界条件包括企业前期风险承担情况和企业可用资源情况。

目标四，分析管理者股票期权风险承担激励对企业业绩的影响，并提供经验证据。

目标五，对企业总体风险承担水平对企业业绩的影响进行理论分析，并进行实证检验。

目标六，在完成目标一至目标五的基础上，分析股票期权风险承担激励影响企业业绩的路径机制，提出企业风险承担水平是股票期权风险承担激励与公司业绩之间中介变量的研究假设，并进行实证检验。

在上述子目标中，目标一至目标三都是围绕股票期权风险承担激励对企业风险承担的影响从不同角度展开分析，这也是本书最主要的研究目标。

二、研究意义

本书有如下理论和现实意义：

（一）理论意义

股权激励理论和实践均起源于西方发达国家，并且已经形成比较成熟的理论体系，但我国的政治、文化和经济环境都迥异于西方国家，在西方发达资本市场环境下形成股权激励理论体系并不能完全适用于我国。

对于我国实施股权激励的效果，目前前期文献仍存在很大分歧。很多研究结论支持股权激励的正面效果，这些支持者认为我国企业实施的股权激励在经济上是有效率的，有助于提升企业价值。但也有相反的结论，反对者提出，股权激励并不会增加我国企业管理者的建设性行为，却成为管理者攫取股东财富的另一种新渠道。也有研究者认为，我国上市公司实施的股权激励制度并不会对企业行为和业绩产生显著影响。因此，在中国情境下研究股权激励问题，建立适合中国这类发展中国家的股权激励理论，有助于拓展股权激励理论体系。具体而言，本书的理论贡献体现在以下几个方面：

第一，通过对我国管理者股票期权激励对企业风险承担的影响展开理论分析和实证检验，本书拓展了关于股权激励效应的前期文献。前期研究大多仅分析股票期权激励的利益协同效应，对股票期权激励的风险承担效应关注不足。本书进一步深化了对我国企业股权激励作用机制的认识，有助于股权激励理论的完善。

第二，本书全面分析了管理者股票期权激励对企业投资、融资和纳税政策的影响。通过对管理者在股票期权激励下具体政策选择的理论分析和实证检验，本书从股权激励视角增加了关于企业决策影响因素的新证据。本书进一步丰富了有关管理者决策影响因素的理论。

第三，前期文献大多仅关注影响企业风险承担的具体因素，但对企业风险承担的业绩后果关注不多。通过对企业风险承担在股票期权激励和企业业绩之间关系的中介作用进行理论分析和实证检验，本书丰富了关于企业风险承担的理论研究。此外，不同于前期文献割裂地分析各要素之间的关系，本书构建了一个关于股票期权激励、企业风险承担和企业业绩的完整理论框架，这弥补了前期文献研究范式之不足。

第四，本书从理论上分析了股票期权激励影响企业业绩的路径机制，并进行实证检验，丰富了关于企业业绩研究的相关文献。

（二）现实意义

第一，本书有助于完善我国的管理者股权激励方案。为解决上市公司股东和管理者之间的冲突，代理理论建议实施股权激励制度。但前期针对我国上市公司股权激励实践的结论却不一致，存在着股权激励方案的"激励性"和"福利性"之争。本书研究成果证明，我国上市公司实施的股票期权激励可以解决与风险有关的代理问题，能够通过促进企业风险承担水平的提升而提高企业业绩。因此，我国上市公司在设计股权激励方案时，可以更多地选择股票期权方案，以便利用股票期权激励的风险承担效应，解决因管理者的风险厌恶而导致的投资不足问题，从而提升企业业绩。

第二，在全球经济竞争日渐激烈的大背景下，推动企业实施创新驱动发展战略已经上升为国家战略。如何激发企业的创新能力以获取和保持竞争优势也成为公司治理领域的热点话题之一。由于创新是一种风险很大的活动，股东必须努力减轻管理者的风险厌恶对创新活动的不利影响。本书的研究结论表明，实施股票期权激励制度，让管理者分享风险溢价从而改变管理者的风险偏好，是提高企业的风险承担水平和促进企业创新的有效手段。

第三节 概念界定

一、管理者概念

管理者、管理层、高管、经理是文献中经常出现的词语，但迄今为止，学者们并未对其组成形成统一认识，在研究中通常都是根据研究目的自行做出定义。

关于管理者激励的前期文献大多将管理者限定于《公司法》中所定义的高级管理人员，包括上市公司经理、副经理、财务负责人、董秘和公司章程规定的其他高级管理人员，其理由是这些人是负责经营及管理决策的关键人员。本书的主要目的是确定股票期权激励对企业风险承担的影响，这种影响不仅依赖于高层管理者的决策，也取决于中层管理者的行动。因此，本书将研究对象界定为接受企业股票期权薪酬方案的中高层管理者，除了董事、监事、高级管理人员等公司高管外，还包括公司的中层经营管理人员和技术管理人员，但不包括接受员工持股计划的普通员工。

二、股权激励相关概念

股权激励是指以员工所在公司的股票为基础股票，对公司管理层和其他员工授予权益薪酬的一种长期激励制度。按照激励标的物不同，股权激励又可以分为股票激励、期权激励、股票增值权激励等不同形式。

股票期权激励是一种重要的股权激励形式。管理者股票期权激励是指公司授予管理者在未来一定期限内以事先约定的价格和条件购买本公司股份的权利。在可行权日，若市场价格低于行权价格，管理者也可以放弃行权。

在实施股票期权激励计划时，一个非常关键的问题是如何确定股票期权价值。在实务中，绝大多数公司都采用布莱克—斯科尔斯期权定价模型计算股票期权价值（王栋、吴德胜，2016）。国外文献通常将股票期权薪酬价值定义为用布莱克—斯科尔斯期权定价模型计算的期权价值。本书也以布莱克—斯科尔斯期权定价模型作为评估期权价值的基础。

三、风险承担相关概念

目前文献中对风险和公司风险承担的定义尚未形成统一的看法。

前期文献中对于风险的定义大多比较抽象。例如，Bloom 和 Milkovich（1998）将风险定义为：结果和时间的不确定性。对应于这种抽象的风险概念，学者们提出了各种风险承担概念。例如，Larcker（1983）认为，风险承担就是管理者投入更大赌注或做出更大的战略支出。Wright 等（1996）将风险承担定义为与预期结果的各种不确定性相关的项目的分析和选择。Dess 和 Lumpkin（2005）

将风险承担定义为在不知道可能结果的情况下做出决策和采取行动，并在这种冒险进程中投入大量的资源。

由于几乎所有的管理者行动都有一些不确定性，并且不确定性本身也需要解释，所以这种抽象的定义仍未能说清楚风险的具体构成，不便于在管理者激励和企业风险承担的理论和实证研究中应用这些概念。

为解决风险定义过于抽象带来的不可操作性，Sanders和Hambrick（2007）等认为应将风险的内容具体化，将管理者决策风险分解为三个互相关联的清晰成分，包括支出的规模、产出的方差、损失大部分或全部投资的可能性。

按照这种思路，很多文献根据各自的研究目的对企业风险承担做出具体定义。这些定义可以分为两类，一类是从企业风险承担的总体后果角度定义风险承担，使用了各种综合指标来反映企业政策选择的综合效果，包括股票收益率波动性、资产收益率波动性、股票价格波动性、投入资本回报率波动率等。另一类定义着眼于企业具体的政策选择，采用与企业具体决策领域相关的详细指标衡量企业风险承担程度，例如反映财务政策的财务杠杆、反映投资政策的研发支出强度等指标。

本书的主要目的是研究中国情境下管理者股票期权对企业风险承担的影响，既包括对企业总体风险承担水平，也包括对企业具体政策选择的影响，因此本书对企业的风险承担的定义涉及上述两个层次，既包括企业总的风险承担程度，也包括风险政策选择中的风险承担。借鉴Sanders和Hambrick（2007）的思路，本书根据研究目的，按照所研究风险的具体内容对风险承担做出定义。具体来说，在企业总体层面的风险承担是指企业的市场收益率和会计收益率出现较大的波动性，表现为股票收益率波动性、总资产收益率波动性、净资产收益率波动性、投入资本回报率波动性较高。在政策选择上，本书主要关注企业投资、融资和纳税政策方面的风险。在投资政策方面的风险承担是指企业在投资决策中表现为投资规模较大、有长期价值但成功率低以及集中于少数领域。因此，本书用投资规模、研发强度和经营集中度衡量投资政策方面的风险承担。在融资政策方面的风险承担是使用增加了企业资不抵债概率的融资政策，本书用财务杠杆衡量融资政策方面的风险承担，财务杠杆越大，则融资政策中的企业风险承担越大。在纳税政策方面的风险承担是指采用激进的避税政策，本书用有效税率衡量纳税政策方面的风险承担。

需要注意的是，目前文献在研究风险承担问题时，有时候使用管理者风险承担的概念，有时候又使用企业风险承担的说法，但实际上，企业承担的风险也是管理者所承担的风险，这两个概念所阐述的都是一个问题。为叙述方便，本书统一采用企业风险承担这种说法。

四、风险承担激励概念

代理理论指出，理想的管理者薪酬工具应该克服仅发放固定薪酬时存在的三个主要问题：卸责、短视和风险厌恶。代理理论认为股票期权有可能解决这三种问题。

首先，通过将管理者薪酬与股东收益联结起来，股票期权有助于减轻卸责问题，薪酬与公司业绩捆绑在一起的管理者会更加努力地工作（Eisenhardt，1989）。

其次，股票期权应该有助于克服短视问题。由于在期权行权之前，通常有一个等待期限，管理者有动力在投资决策中放长眼光。通过使管理者根据未来的公司股票价格获取收益，股票期权有助于克服短视问题。

最后，通过鼓励管理者承担更多风险，股票期权有助于解决固定薪酬中存在的第三个问题。股票期权允许管理者分享向上的收益，同时设置了避免损失的底线。如果风险项目产生好的结果，那么将使管理者变得更加富有，如果项目失败了，公司股价下跌，管理者也不至于从股票期权中遭受损失。因此，股票期权有助于降低管理者的风险厌恶程度。

通常，前两个效果被称为股票期权的利益协同激励效果，第三个效果被称为股票期权的风险承担激励效果。

在近期研究中一般使用期权 Delta 衡量股票期权的利益协同激励，用期权 Vega 度量期权的风险承担激励（例如，王栋和吴德胜，2016）。借鉴前期文献，本书中也用期权 Vega 衡量股票期权的风险承担激励。期权 Vega 是股票波动率变动 1% 时，期权价值变动的金额，因此，期权 Vega 可以反映股票收益波动对管理者持有的期权薪酬财富的影响。

五、企业政策选择相关概念

本书研究的企业政策选择是指企业在风险较大的政策和风险较小的政策之间所做的选择。本书将分析公司在投资、融资和税务三个方面的政策选择。根据前期文献，本书将规模较大的资本支出、投资于研发支出、投资于少数行业形成较高的经营集中度作为风险较大的投资政策的表现；在融资政策方面，本书将较高的财务杠杆作为企业选择风险较大的融资政策的表现；在税务政策方面，本书将激进的避税行为作为风险较大的企业纳税政策。

另外，为叙述方便，本书将企业涉及不确定性较大的政策简称为风险政策。

六、薪酬合约的凸性概念

凸性薪酬是指管理者薪酬的价值并非股票价格的线性函数，而是股票价格的凸函数。线性薪酬的特点是薪酬曲线对股票价格求导后得到的斜率为常数，薪酬与股票价格同比例变化。凸性薪酬的特点是该曲线对股票价格的一阶导数不是常数，并且薪酬曲线对股票价格的二阶导数大于0。如图1-1所示，凸性薪酬曲线的斜率是股票价格的增函数，曲线总处于其切线上方。

股票期权薪酬是一种典型的凸性薪酬。随着股票价格的增长，期权薪酬价值增加的速度越来越快。

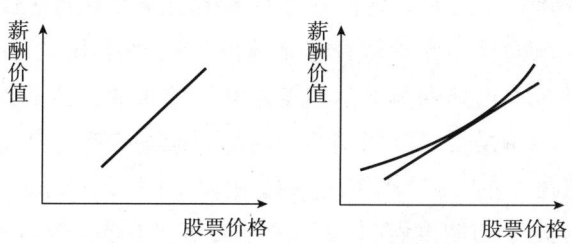

图1-1　线性薪酬与凸性薪酬

七、企业业绩概念

本书研究的企业业绩既包括市场业绩，也包括会计业绩。在市场指标方面，本书采用股票收益率衡量企业的市场业绩，在会计指标方面，本书用三个会计净利润率指标衡量企业的会计业绩，包括总资产收益率、净资产收益率和投入资本净利率。由于本书分析的企业政策选择包括企业所得税纳税政策，所以关注的会计利润率指标都是以税后净利润为基础计算的。

第四节　研究内容、方法与技术路线

一、研究内容

在分析现有文献基础上，本书通过回答以下问题来构建整个研究内容与框架：

（1）股票期权激励对企业总体风险承担水平和具体风险政策有影响吗？具体说，股票期权激励能促进企业总体风险承担水平的提升吗？股票期权激励是否能促使管理者选择风险更大的投资、融资和纳税政策？

（2）股票期权激励对企业风险承担的影响是否存在一些边界条件？也就是说，是否存在一些调节股权激励与企业风险承担之间关系的变量？

（3）股票期权风险承担激励是否能促进企业业绩提升？

（4）因股票期权而增加的风险承担是否能导致企业价值的提升？

（5）企业风险承担是否是股票期权风险承担激励影响企业业绩的中介渠道？

为回答上述问题，本书的研究内容主要由以下四大块组成：

（1）围绕股权激励的制度背景和理论基础展开研究，从理论和实务双重视角对管理者股权激励制度进行初步分析。

本书对以美国为代表的西方国家实施股权激励的历史变迁进行总结和分析，找出其发展变化的趋势和动因。然后，梳理我国企业实施股权激励和我国政府健全股权激励相关法规的历史沿革，并通过与西方国家股权激励制度的对比，对我国股权激励制度的特点和发展现状进行系统总结。通过上述工作，初步厘清我国股权激励制度的未来发展趋势及其所依存的制度环境，为后文分析奠定制度基础。

然后，对股权激励和风险承担主要理论基础进行梳理和总结。本书分别对代理理论、管理者权力理论、资源依赖理论、信息不对称理论、有效市场理论、期望效用理论、前景理论、人力资本理论等与股权激励制度相关的理论基础进行诠释和分析，为后文研究奠定理论基础。

（2）对相关文献进行整理分析。本书对关于股票期权激励与企业风险承担的相关研究、关于股票期权激励对企业业绩影响的相关研究以及关于企业风险承担对其业绩影响的相关研究都进行系统梳理,并在文献综述的基础上找到后续研究的切入点。

(3) 构建股票期权激励风险承担效应的理论分析框架,提出本书的研究假设。

这部分主要包括以下内容:

其一,分析管理者股票期权激励对企业风险承担的影响。本书从两种视角开展这种研究。第一个视角是管理者股票期权激励对企业总体风险承担水平的影响。本书认为,实施管理者股票期权激励能提升企业的总体风险承担水平。第二个视角是管理者股票期权激励对企业政策选择的影响,包括投资、筹资和纳税方面的一系列风险政策。本书认为,股票期权激励能对企业是否采取有风险的政策产生影响,这些政策选择最终可能导致企业总体风险承担水平的提升。另外,还对影响股票期权激励的风险承担效应的边界条件进行分析。本书认为,企业特定因素会对股票期权激励促进企业风险承担的效果产生影响,因此,分析了企业原有风险承担水平和企业可用资源的调节作用。

其二,分析管理者股票期权激励对企业业绩的影响,本书认为管理者股票期权激励能促进企业业绩的提升。

其三,分析企业风险承担对企业业绩的影响,本书预期二者是正相关关系。

其四,对企业风险承担在管理者股票期权激励对企业价值影响中的中介作用加以分析。

(4) 围绕管理者股票期权激励的风险承担效应展开实证检验。在前文理论分析的基础上,运用中国深沪两市 A 股上市公司 2006~2016 年实施股票期权激励公司的数据,对理论分析中提出的研究假设进行实证检验,为股票期权的风险承担效应的理论框架提供经验证据。具体包括四部分:

其一,管理者股票期权激励对企业总体风险承担水平和具体风险政策影响的实证研究。

其二,管理者股票期权激励对企业业绩影响的实证研究。

其三,企业风险承担对企业业绩影响的实证研究。

其四,企业风险承担在股票期权激励对企业业绩影响中的中介作用的实证检验。

在具体安排上,本书分为八章:

第一章是导论。第二章是文献综述,对我国实施股权激励制度的历史和现状进行总结,并与国外股权激励实践进行对比。第三章是制度背景和理论基础,对关于股票期权激励和企业风险承担的主要理论观点和实证证据进行梳理总结,并提出研究的切入点。第四至第七章对管理者股票期权激励、企业风险承担和公司业绩之间的关系进行理论推演,提出研究假设,并对这些研究假设进行实证检验。第八章是结论与启示,并结合我国实际情况提出政策建议。

本书的主要目的是揭示我国上市公司实施股票期权激励对企业风险承担及业绩的影响以及这一影响背后的机理。为实现上述目的,构建了一个分析管理者股票期权风险承担效应的理论分析框架,如图1-2所示。

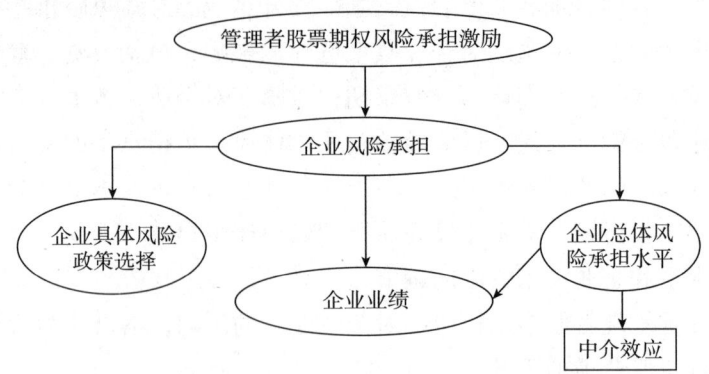

图1-2　管理者股票期权激励风险承担效应的分析框架

从图1-2可以看出,整个理论分析框架的基本思路是:

第一步,分析管理者股票期权风险承担激励对企业风险承担的影响,本书将从企业总体风险承担水平和风险政策选择两个方面展开分析。

第二步,分析管理者股票期权风险承担激励对企业业绩的影响。

第三步,研究企业总体风险承担水平对企业业绩的影响。

第四步,对企业总体风险承担水平在股票期权风险承担激励对企业业绩影响中的中介作用进行分析。

这四个部分就是本书研究框架的核心。

二、研究方法与技术路线

本书采用规范研究和实证研究相结合的方法对股票期权的风险承担效应问题展开研究。规范研究的重点是文献、理论和制度背景分析以及对概念的界定和政策及建议的研究。实证研究的重点是利用样本数据,进行基本统计分析、回归模型构建和分析,并得出实证结论。规范研究为实证研究提供研究假设和模型构建的基础，而实证研究结果为规范研究提出的结论提供经验证据。

（一）规范研究法

本书所用的研究方法主要包括文献研究法、比较分析法、归纳描述和理论演绎法等。

对规范研究法的应用主要体现在以下几个方面：第一，通过对国内外股权激励制度的历史变迁和现状进行回顾和分析，为本书研究提供制度背景。第二，对管理者股票期权激励和风险承担的相关文献进行分析评价，找出研究切入点。第三，推演管理者股票期权激励和企业风险承担及企业业绩之间的关系，搭建研究的理论基础和基本分析框架。第四，在理论和实证分析的基础上，分析研究的不足之处和未来研究方向，并提出关于健全我国股权激励制度的相关政策建议。

（二）实证研究法

本书主要在以下方面应用实证研究法：第一，运用描述性统计和相关性分析描述变量的基本特征和主要变量之间的统计关系。第二，运用固定效应回归方法验证主要假设。

本书以管理者股票期权激励对企业风险承担的影响为研究主线，结合中国特殊的制度背景，试图分析如下相互关联的一系列问题：

（1）股票期权激励是否会影响企业的风险承担？具体地说，股票期权激励是否会提高企业的总体风险承担水平？股票期权激励对企业具体政策选择中的风险承担有何影响？

（2）在股票期权激励影响企业风险承担的过程中，是否存在一些约束条件？

（3）股票期权激励是否影响企业业绩？

（4）企业风险承担是否能对企业业绩产生积极影响？

（5）如果股票期权激励能影响业绩，那么这种影响是通过什么渠道实现的？或者说，企业风险承担是否在股票期权激励对企业业绩的影响中起到中介作用？

本书的主要研究方法和技术路线如图1-3所示。

第一章是导论。第二章是文献综述。第三章是制度背景和理论基础。第四章在理论分析的基础上提出研究假设。首先，分析管理者股票期权风险承担激励（Vega）对企业风险承担的影响，主要从两个方面展开研究，一个是企业总体风险承担，另一个是企业在政策选择中的风险承担。其次，本书分析了调节这种影响的一些边界条件。再次，分别分析股票期权风险承担激励和企业总体风险承担对业绩的影响。最后，分析企业总体风险承担在股票期权风险承担激励对企业业绩影响中的中介作用。第一章至第三章主要采用规范研究法。第四至第七章在理论分析的基础上进行实证检验，主要采用实证研究法。第八章采用规范研究法提出研究结论和建议。

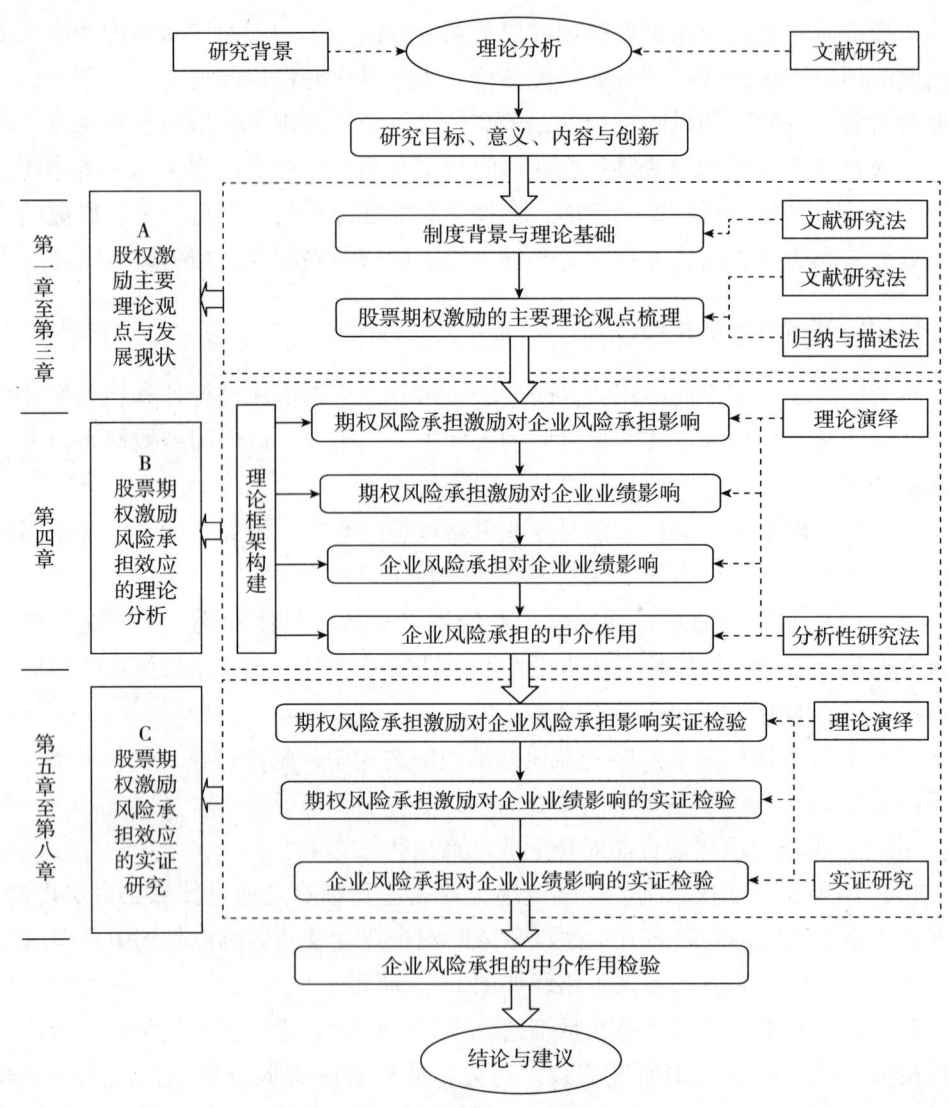

图1-3 研究方法和技术路线

第五节　研究的创新之处

本书在以下几个方面对现存研究有贡献。

第一，前期文献通常使用息税前利润率的标准差或税前利润率的标准差来衡量企业总体风险承担水平。本书首次使用三个会计净利润率（包括总资产收益率、净资产收益率和投入资本净利率）的标准差作为企业总体风险承担水平的代理变量。本书之所以采用这种净利润基础上的风险承担指标，是因为除了前期文献曾经分析过的投资、融资政策外，还关注管理者股票期权风险承担激励（Vega）对企业所得税纳税政策的影响。激进的所得税纳税政策是风险较大的政策选择，最终也会使企业的风险承担水平上升，这将体现在企业净利润率的波动上。因此，在衡量企业风险承担水平时，本书并没有采用税前或息税前利润率的波动率，扩展了反映企业总体风险承担水平的衡量指标。

第二，本书首次分析了企业总体风险承担水平在股票期权风险承担激励和企业业绩关系中的中介作用。虽然前期研究曾经关注过股票期权风险承担激励对企业总体风险承担水平的影响，也有人研究过股票期权风险承担激励对企业业绩的影响，但国内还没有人对这种影响的路径进行分析。本书扩展了关于股票期权影响企业业绩具体渠道的研究。

另外，本书以股票期权的风险承担激励为立足点，将股票期权激励、企业风险承担水平和企业业绩整合在一起研究，构建一个完整的理论框架。前期文献通常割裂地分析其中两个要素之间的关系，本书弥补了前期文献中研究范式上的不足。

第三，前期文献大多只关注对公司高管的股权激励，本书将研究对象扩展到全部管理者。由于企业普通管理者的行动也会影响企业的政策选择和最终的总体风险承担水平及业绩，所以本书的研究有很重要的现实意义。

第四，股权激励的后果一直是财务和会计的重要研究领域。国内前期研究大多从利益协同视角研究股权激励，例如，分析股权激励中存在的盈余操纵等机会主义行为。在中国特殊国情下专门研究股票期权与企业风险承担关系的文献还较少，并且相关研究结论很混杂。尽管直觉上股权激励能促进管理者主动承担风险，但关于股权激励对管理者风险承担影响的实证证据却是不确定的，本书的发现增加了这方面的证据。

第二章 文献综述

基于本书研究目标,本章首先从与股权激励关联最密切的代理理论入手,对股票期权与风险承担的相关理论进行梳理,为主要研究目的奠定基础;其次转而回顾股票期权激励对企业业绩影响的相关文献;最后集中分析和讨论关于风险承担对企业业绩影响的文献。

本章的具体内容安排如下:第一节总结股票期权激励与风险承担的相关研究;第二节介绍股票期权激励与业绩之间关系的相关研究;第三节为风险承担对企业业绩影响的相关研究;第四节是文献评述及研究切入点。

第一节 股票期权激励与企业风险承担的相关研究

一、影响企业风险承担的其他因素

20世纪六七十年代早期,经济学家研究了个人和组织中的风险分担问题(Arrow,1971;Wilson,1968)。这些文献将风险分担问题描绘成因合作各方对待风险的态度不同而产生的问题。通过将代理问题纳入研究范围,代理理论扩展了风险分担文献。代理理论文献指出,当合作各方的目标和劳动分工不同时,就会出现代理问题(Jensen和Meckling,1976;Ross,1973)。针对管理者和股东之间的目标冲突以及解决这些冲突的方法,代理理论文献做了很多分析。例如,Jensen和Meckling(1976)围绕管理者的股票所有权如何连接管理者和股东的利益展开讨论。Fama(1980)分析了有效资本市场和劳动力市场作为控制高管自利行为的信息机制的作用。Fama和Jensen(1983)描述了董事会作为信息系统的作用，提出大公司的股东可以利用董事会监督高管的机会主义行为。这三篇最重要的代理理论文献和其他文献对风险相关代理问题做了系统阐述。这些代理理论文献指出，导致管理者比股东更加厌恶风险的因素主要有三类：

第一，管理者从企业获得的效用不仅是金钱收益带来的效用，而且还包括各种非金钱效用，比如与经营活动相伴而生的社会地位、员工的尊敬与服从等。在实现管理者个人效用最大化时，只要不持有全部股份，对任何非现金方面的好处，管理者仅需承担部分成本，此时能保证内部管理者实现最大效用的决策，从外部股东的视角看，却不会是最优决策。而且，商业冒险会带来个人效用损失，如对失败风险的担忧、学习新技术付出的努力等都会减少个人效用，因此管理者可能会避免有风险的创造性活动，即使这些创造性活动有助于全体股东价值最大化，管理者也未必会主动参与其中（Jensen 和 Meckling，1976）。

第二，管理者的个人财富、声誉都与所在公司紧密相连，公司高管还经常被要求持有过多的公司股票，这些股票的数量通常已经超过最优证券组合所需数量，但管理者却受到合约限制，不能通过多样化投资来分散风险。因此，厌恶风险的管理者有很大比例的个人财富与公司股份捆绑在一起，一旦经营失败，管理者的经济损失会很大，同时项目的失败也会危及高管声誉和职业前景。相反，股东通常可以通过分散投资来对冲风险，因而他们是风险中性的，可以不计风险地追求投资回报最大化。因此，股东希望管理者采纳所有净现值为正的项目，而不关心这些项目的风险如何。然而，除非得到恰当激励，厌恶风险的管理者的行动会过于保守。他们可能会放弃一些有风险但净现值为正的项目，这将导致企业投资不足问题，最终会损害股东利益（Hall 和 Murphy，2002；Hall 和 Liebman，1998）。

第三，当管理者临近退休时，由于他们很可能无法分享承担风险的成果，一些长期投资的好处也只能由继任者获得，这将加剧管理者的风险厌恶（Sanders 和 Hambrick，2007）。

总之，代理理论认为，管理者将根据个人效用权衡是否承担风险。尽管很难确定企业风险承担的最优水平，但仍有理由相信，由于人力资本专用性引起的职业关注、不能分散投资以及临近退休时的视野问题等导致的风险厌恶，管理者很可能放弃一些有风险但净现值为正的项目，从而造成企业的投资水平低于股东所希望的投资水平，最终损害股东利益。

除了代理理论视角外，一些文献分析了外部法律环境对企业风险承担的影响，例如，Bargeron 等（2008）指出，Sarbanes-Oxley 法案能显著降低美国公司的风险承担水平。John 等（2008）发现，更好的投资者保护能引导企业承担风险更大但能增加股东价值的投资。Viral 等（2011）指出，企业破产时债权人得到的保护越好，则公司的风险承担会越小。

另外，治理结构、董事会规模等公司治理因素也会影响企业的风险承担水平。例如，Faccio、Marchica 和 Mura（2011）发现，大股东实施分散投资政策的公司比大股东不进行分散投资的公司承担了更大的投资风险。Amihud 和 Lev（1981）也证明，相比于业主控制的公司（所有权更集中的公司），在管理者控制（股权分散）的公司，体现在集团并购中的企业风险承担水平更高。Shen 等（2015）分析了董事会对公司风险承担的影响，发现董事会规模越小，则公司未来的业绩变化越大，并且这些公司倾向于推行风险更大的投资政策、更频繁地进行盈余管理。然而，董事会规模较小的公司在使用债务融资方面却表现得比较保守。总之，他们的证据支持董事会规模对公司风险承担有负面影响的假设。

近年来，管理者特征、态度、喜好等个人属性对企业风险承担的影响成为公司金融研究的重点。关于管理者个人心理特征对企业风险决策影响的研究始于 Kahneman 和 Tversky（1979）。用前景理论代替期望效用理论，Kahneman 和 Tversky 针对企业在不确定情境下的决策展开研究。他们指出，管理者的心理特征会影响企业在有风险的投资选项上的选择。沿着这条路线，很多文献分析了影响企业风险决策的管理者个人属性。例如，Hilary 和 Hui（2009）发现，个人宗教信仰会影响组织行为，在公众宗教信仰更虔诚的地区，以资产回报方差衡量的风险暴露会更少、投资和增长比率也更低。Hutton 等（2014）发现公司管理者的个人政治偏好会影响公司政策，支持共和党的管理者倾向于采用更保守的政策，因此公司表现出较低的债务水平、更少的资本和研发支出以及更低的风险投资水平。Graham、Harvey 和 Puri（2013）发现美国 CEO 比非美国 CEO 更乐观，对风险的容忍度更大。Cain 和 Mckeon（2016）发现，有私人飞行执照的 CEO 与更高程度的公司风险承担有关，这说明喜欢参与冒险活动的管理者会提高公司的风险承担水平。

我国学者也证明，管理者性别、学历、过度自信和乐观主义都会对企业风险承担水平产生显著的正向影响（余明桂等，2013；王晓旭等，2015）。

总之，上述研究表明，选择风险厌恶程度小的管理者有助于增加企业的风险承担水平。通过分析管理者的宗教信仰（Hilary 和 Hui，2009）、政治偏好（Hutton 等，2014）、乐观主义以及风险规避（Graham 等，2013）、感官追求（Cain 和 Mckeon，2016）等个人属性，找出更愿意追求风险的管理者是解决风险相关代理问题的一个可选途径。

但是,由于评估管理者的风险偏好并不容易,公司的法律环境、股权结构也不是轻易能够改变的。对于股东来说,一个更加可行的办法是利用薪酬激励机制来鼓励管理者承担适当的风险。管理者薪酬主要由货币薪酬、红利、公司授予管理者的股份和股票期权构成。这些不同的薪酬成分能产生不同的激励效果。

国外文献通常认为,货币薪酬并不能促进企业承担更多风险,但国内文献中却有相反的结论。张瑞君、李小荣和许年行(2013)利用中国上市公司样本分析我国高管货币薪酬与企业风险承担的关系,发现二者之间存在正相关关系。他们认为,这是因为我国高管货币薪酬部分取决于企业的未来业绩,从而能够激励高管承担更多风险。朱晓琳和方拥军(2018)则发现我国上市公司的高管团队薪酬差距能促进企业承担更多风险。

国外文献指出,向管理者的支付红利通常并不能减轻风险相关代理问题,因为在典型的红利方案下,管理者达到一个较低的业绩门槛就会得到分红,但红利也会有一个业绩上限,在达到此上限之后,即使业绩增加,支付给管理者的红利也不会增加。虽然在理论上可以通过消除红利支付上限,并对低于下线的业绩实施负的红利来减轻红利的非线性支付结构问题,但实际上很难强制 CEO 为坏的业绩付款。因此,以会计业绩为基础的红利薪酬不仅会导致盈余管理行为,而且也会对企业风险承担行为产生负面影响,因为管理者可能会通过减少业绩的可变性增加红利薪酬(Murphy,2013)。国内目前还没有展开针对红利与公司风险承担关系的研究,原因可能是上市公司的红利薪酬政策很不稳定,并且对外信息披露也不够充分。

大部分关于管理者激励的研究都扎根于代理理论,认为股东设计薪酬方案的目的是为了将风险厌恶的自利的管理者的利益与股东利益相挂钩。这些研究主要关注管理者薪酬财富与表现为股票价格的股东财富之间的两种关系。一种关系表现为管理者薪酬和股票价格之间的关系,另一种关系表现为管理者薪酬与股票价格波动性之间的关系。

在代理理论框架下,研究者关注最多的是 CEO 薪酬(或称为 CEO 财富)与股东财富变化之间的关系。研究者经常使用 CEO 得到的股权基础薪酬占全部薪酬的比率来衡量股权激励。然而,CEO 薪酬和股东财富最直接的联系并非来自于当期新得到的股权基础薪酬,而是来自于 CEO 现存的股票、限制性股票和股票期权组合。实际上,虽然 CEO 股权基础薪酬与全部薪酬的比率与 CEO 持有的限制性股票和股票期权数量正相关,但这个比率所能实现的激励效果却与 CEO 持有的非限制性股票数量负相关。例如，向已经持有大量公司股票的 CEO 授予股票期权很可能是一种冗余授予，不会产生预期的激励效果。除了股票价格业绩和 CEO 股票及期权组合之间的直接联系之外，CEO 财富也通过以会计利润为基础支付的红利、每年的薪酬调整、期权和限制性股票的授予规模以及因公司股票价格业绩不佳而解雇的威胁等与股票价格业绩间接地绑定在一起。由于当代理人持股比例少于 100% 时就会产生代理成本，CEO 在所有权中的份额是代理问题严重程度的一个天然测量。CEO 持股百分比可以测量公司价值增加 1 元钱时 CEO 能得到多少以及公司价值减少 1 元钱给 CEO 带来的损失是多少。计算限制性和非限制性股票的所有权百分比可以直接除以发行在外的股份数。测量期权的股份所有权百分比却比较复杂，因为深度价外期权对提高股价所能提供的激励很少，而深度价内期权能提供与股票类似的激励。因此，通过对股票和期权持有量的加总计算对全部 CEO 激励的度量时，每一股股票期权应该比每一股股票算得少一点。管理者附加在不同薪酬形式上的"风险溢价"取决于能观察到的管理者特征，比如风险厌恶和多样化，如何加总或如何确定不同薪酬成分的权重并非显而易见的事情，有必要对不同薪酬形式的风险特点加以分别研究。

由于股票价格变化导致的 CEO 财富变化大于任何其他薪酬成分导致的 CEO 财富变化（Hall 和 Liebman，1998；Murphy，1999），大多数关于 CEO 激励的国外文献仅关注股权激励。股权激励包括股票期权、限制性股票等多种形式。Smith 和 Watts（1992）提出，投资机会越多的公司，对管理者的监督越难，此时最好更多地依赖于股权基础薪酬联结管理者和股东的利益。Jensen 和 Meckling（1976）指出，使用股权基础薪酬可以将高管财富与公司业绩捆绑在一起，从而减少包括风险相关问题在内的代理成本。而且，在举债经营的公司，基于股权的薪酬可以提供与股票期权在纯股权公司中类似的风险承担激励。针对如何使用股权基础的激励性薪酬，Holmstrom（1979）提出"信息量原则"。根据该原则，如果股票价格更容易波动从而其中反映的关于代理人努力程度的信息较少，则公司应该减少股权基础的激励性薪酬的使用。然而，关于信息量原则的实证证据并不一致。Prendergast（2015）针对有关管理者薪酬中信息量原则的实证文章做了一个简短调查，在其调查的 11 篇文献中，有 3 篇发现股价风险和股权激励之间存在显著的负相关关系，其他 3 篇文章发现二者有显著的正相关关系，剩下的 5 篇没有发现二者之间存在显著的相关性。

一些前期实证研究指出，外部股东似乎赞成使用股权激励方案。例如，Brickley、Bhagat 和 Lease（2006）报告说，公司公告股权基础的薪酬方案会引起积极的市场反应，从而带来股东财富的增加。

在评估管理者持有的股票和期权对其风险承担欲望的影响时，Smith 和 Stulz（1985）指出，可以将管理者效用与股票价格波动性相联结的过程分成两个步骤。第一个步骤是将管理者效用与其财富联结起来。第二个步骤是将管理者财富与股票价格波动性连起来。这两个步骤分别对应两种不同的激励。第一步中的激励主要体现为利益协同激励，就是管理者财富对股票价格变动的敏感性，经常被表示为 Delta。前期文献在构建 CEO 期权薪酬激励水平的度量时，也经常以期权 Delta 作为权重。期权 Delta 的定义是股票价格的增量变化导致的股票期权价值的变化。期权 Delta 的取值范围几乎为 0（深度价外期权）和几乎为 1（不支付红利时的深度价内期权）。更高的 Delta 可以激励管理者更加努力或更有效率地工作，因为管理者与股东共同分享收益和损失。当然，Delta 增加的另一个影响是将管理者暴露在更多风险中，这将使管理者有动机减少企业风险，这种激励可能加剧管理者的风险厌恶，而厌恶风险的管理者的效用和财富之间会表现为凹性关系。第二步中的激励就是风险承担激励，就是 CEO 财富对股票价格波动性的敏感性，表示为 Vega。当管理者的股权薪酬是凸性薪酬时，就会产生第二种激励。第二步中的这种凸性与第一步中由管理者风险厌恶产生的凹性正相反，如果它足够强，则能超过凹性的影响。低于行权价格的期权和接近财务困境时（特别是当资产价值接近债务时）的股票在第二步中会展现出凸性。

很多文献研究了股权激励对企业风险承担的影响。在正常经营过程中，管理者持股通常是一种线性激励。很多理论研究预测（Stulz，1984；Smith 和 Stulz，1985；Guay，1999），股票价格波动性与管理者持股之间呈现负相关关系。关于管理层持股与公司风险承担之间关系的实证结论也大多支持对二者负相关关系的预测。例如，Tufano（1996）调查了公开上市金矿样本，发现接受了股票薪酬的管理者更可能对冲金价风险。类似地，May（1995）指出，持有大量股票的管理者会执行减少风险的并购以便使资产多样化。Denis 等（1997）使用五种不同的多种经营指标，证明内部人持股和这些多种经营指标之间呈现很强的负相关关系。

也有少量研究认为管理者股票所有权与企业风险承担正相关。例如，Agrawal 和 Mandelker（1987）发现，拥有更多股票和期权所有权的 CEO 会实施更多方差较大的并购。但他们并未对股票和期权加以区分，所以这种影响未必是持股造成的。

总之，国外多数研究认为，公司使用以股权为基础的线性薪酬补偿管理者，并不能解决管理者的风险厌恶问题。因此，在选择最优的 Delta 和 Vega 时，股东应考虑二者组合的最终结果，并通过分析实施的薪酬政策和隐含的公司风险状况，利用管理者薪酬结构对管理者效用做出反馈。例如，试图实施最优风险政策的公司可能会发现：有必要稍微减少 Delta 以便减少管理者在股价波动性中的保守行为，而用期权替换工资、红利和股票在高风险的公司未必行得通，有时候可能遇到管理者保留效用的限制，因为当公司存在较大风险时，相对于股票期权，管理者会更喜欢工资、红利和股票。另外，CEO 有可能更喜欢今天就得到十元钱而不是五年后才收到的股票，毕竟对于十元钱，他可能还有其他更喜欢的用途。而且，如果 CEO 完全不能实现资产配置的多样化（即 CEO 全部财富与公司股价正相关），那么 CEO 对限制性股票的估值会比这些股票的实际市场价值低（Murphy，2013）。

关于企业风险承担的国内文献多以商业银行为研究对象，这些研究的基本结论是管理层持股能增加商业银行的风险承担（刘任重、郭雪和徐飞，2016；位华 2012）。但是针对非金融类上市公司风险承担的研究却并未得到一致结论。一些研究者认为管理层持股能促进企业从事更多有风险的活动，包括开展更多避税活动（吕伟和李明辉，2012），扩大投资规模（卢闯等，2015），提高公司股票收益率的波动性（苏坤，2015）等。但另外一些文献却发现，管理层持股对公司风险承担有负面影响，会降低上市公司的风险承担水平（梁权熙和詹学斯，2016；田存志和余欢欢，2016）。还有一些文献的研究结论是管理层持股与企业风险承担是非线性关系。例如，胡艳、马连福（2015）发现的证据表明，当持股水平较低时，企业高管会更愿意承担创新风险，当持股数量增加到一定程度后，他们承担创新风险的意愿会降低。也就是说，高管持股比例与其创新意愿之间的关系是倒"U"形的。李小荣和张瑞君（2014）也得到类似结论，他们发现当市场竞争比较激烈时，用总资产收益率的波动性和极差衡量的企业风险承担水平与高管持股比例之间是倒"U"形关系。国内文献中出现这些相互矛盾的结论，其原因可能是这些研究没有区分具体的股权激励形式，大多数文献都以管理层持股比例或数量作为股权激励的代理变量，但管理层持有的股票未必都来自于薪酬激励方案，而且将期权持有量和股票持有量混为一谈也是不恰当的，因为不同的激励形式其激励效果是不同的。

管理者激励的核心问题并非激励的力度，而是激励的方式，契约结构在决定管理者薪酬激励的有效性方面尤为重要（Jenson 和 Murphy，1990）。前期理论研究指出，当薪酬—业绩关系是线性关系或凹性关系时（此时管理者因较低业绩受到的惩罚大于因较高业绩得到的奖赏），管理者会减少风险承担。相反，凸性的薪酬—业绩关系会增加风险承担激励。金融经济学家建议，董事会应该有目的地增加 CEO 薪酬的凸性，以便减轻 CEO 不愿意投资于风险项目的问题（Hirshleifer 和 Suh，1992）。很多学者认为，高管持股形式的股权激励不能带来股东与高管利益的持续趋同，由于具有递延性和预期性特征，股票期权激励却能够长期激励和约束高管行为，相比于股票激励，股票期权在降低高管代理成本方面的治理效应更为显著。股票期权中隐含的薪酬—业绩敏感性天生就是凸的，当股票价格超过行权价格时，管理者会得到收益，但当股票价格跌到行权价之下时，管理者的损失却限制在 0，因此，企业风险承担激励的一个主要来源应该是股票期权（Guay，1999；Murphy，2013；Kim，2017）。

管理者不能通过多样化投资分散所在公司的特殊风险，他们通常是风险厌恶的。但通过在很多公司中放置较小的赌注，股东却能实现多样化投资。结果，管理者会比股东更保守，管理者想要承担的风险比股东所期望的更少。为了解决这种代理问题，文献中一直提倡使用股票期权（或其他凸性薪酬）作为减轻管理者风险厌恶对业绩不利影响的手段。试图证明股票期权的凸性和企业实际风险承担之间关系的实证研究已经历史悠久，但结论并不一致。

本书的主要目的是确定管理者股票期权激励对公司风险承担的影响，因此以下部分将专门梳理管理者股票期权激励与管理者风险承担的相关文献。

二、股票期权激励对企业风险承担的影响

一些理论研究认为，股票期权薪酬向管理者提供了从事更多高风险投资的激励。例如，Smith 和 Stulz（1985）建立理论模型分析公司管理者薪酬和风险对冲行为。他们提出，当管理者的效用函数是公司价值的凸函数时，如果公司不进行风险对冲，管理者股票期权薪酬的期望效用会更高，因此拥有凸性薪酬的管理者将愿意承担更多风险。当管理者被授予股票期权时，管理者因期权薪酬而得到的效用是股票价格的凸函数，因此授予管理者股票期权会向管理者提供追逐更多风险的动机。DeFusco、Johnson 和 Zorn（1990）指出，股票期权属于看涨期权，股票价格上涨时，管理者可行权，然后再以市场价出售股票获利。但股票价格跌到行权价以下时，管理者也可以放弃行权。因此，看涨期权的不对称结构使得开展有风险的项目对于管理者更具吸引力。Hirshleifer 和 Suh（1992）也提出，授予管理者股票期权薪酬有助于减少管理者的风险厌恶，向管理者提供开展有风险项

目的激励。

代理理论提出的利用股票期权促进管理者风险承担的处方得到了董事会的认可，股票期权经常被董事会当作减轻管理者风险厌恶的有效手段。在2001年的高峰阶段，股票期权占据了美国公司CEO薪酬的50%以上。安然事件爆发后，高管超高薪酬受到公众讨伐，因而美国上市公司中的股票期权授予行为有所减少，但直到2005年，股票期权形式的薪酬仍是美国CEO薪酬中最大的成分，仍占总薪酬的41%（Murphy，2013）。

对于股票期权与风险承担关系的直观看法源于期权定价模型。由布莱克—斯科尔斯期权定价模型可以推导出股票期权价值与股票收益波动性正相关的结论。但是，Murphy（1999）指出，使用布莱克—斯科尔斯期权定价模型计算期权价值也存在很多缺点：首先，布莱克—斯科尔斯模型假定股利支付和股票价格波动性是固定的，这对短期（通常在6个月以内）期权是合理的，但对长期期权不合理（如常见的10年期期权）。其次，如果管理者提前离开公司，授予管理者的股票期权就会被取消，这种取消的可能性减少了股票期权的授予成本，从而意味着布莱克—斯科尔斯期权定价模型会高估授予管理者的股票期权薪酬的价值。最后，布莱克—斯科尔斯期权定价模型假定期权仅在到期日行权，但管理者可以在授予日立即行权，而提早行权对期权授予成本的影响并不清楚。尽管存在很多争议，但目前关于股票期权估值方法的研究很少，并没有人提出更权威的管理者股票期权薪酬估值方法，布莱克—斯科尔斯期权定价模型仍然是实践中应用最广泛的方法。

在上述理论预期的基础上，试图证明股票期权的凸性和企业风险承担之间正相关关系的实证研究一直没有间断。这种性质的工作最早可追溯到Agrawal和Mandelker（1987）对并购公司样本的研究，但他们没有严格区分股票和期权。调查了实施并购和剥离的公司的股票价格方差，他们将这种方差称为跨期波动性。他们先将样本分成两组：并购或剥离后波动性变大的公司和变小的公司，然后他们检查了CEO持有的期权薪酬和股票所有权的均值。他们发现，CEO股票和期权的价值在方差增加的组显著更高。Williams和Rao（2006）等也利用不同的样本得到类似的结论。Rego和Wilson（2012）分析了企业股票收益波动性对持有股票期权薪酬的管理者财富的影响，并将这种影响称为股票期权薪酬的风险激励效果。他们发现，股票期权的风险激励效果的确存在。

后续很多文献直接分析了管理者股票期权对企业风险承担的影响。这些研究的一个子集聚焦于通过增加波动性（例如投资于有风险的项目或增加杠杆）或减少波动性（如对冲经营风险的暴露）的行动影响公司风险的激励，此处的公司风险被定义为有效市场上的股票回报波动性。此类研究的另外一个子集是直接探讨管理者激励是否有可以观察到的政策影响。更多文献同时涉及股票期权在这两个方面的影响。

很多实证证据表明，股票期权薪酬的使用与股票回报波动性等各种风险指标正相关。例如，DeFusco 等（1990）发现，在批准股票期权方案后，股票价格波动性会增加。类似地，Hall（1998）证明，标准的员工股票期权方案的价值随着股票价格波动性而急剧变化，得出的结论是：就 CEO 可以显著提高股票价格的波动性而不抵消平均回报率而言，他们能大幅提升股票期权的价值。

关于管理者股票期权薪酬对企业风险承担影响的早期实证工作主要关注某些特定业务和特定行业。例如，Tufano（1996）实证调查了北美的金矿公司样本，发现当管理者持有股票期权时，金矿行业的管理者倾向于更少的对冲金价风险。这意味着管理者的风险厌恶会减少，股票期权能提高管理者对风险的容忍度。Rajgopal 和 Shevlin（2002）利用石油和天然气生产商的样本，检验是否授予管理者股票期权能增加管理者投资于有风险的勘探项目的动机。他们发现，授予 CEO 的股票期权薪酬对股票收益波动性的敏感性与公司未来现金流的波动性正相关。他们的实证结果表明，管理者股票期权中的风险承担激励与公司未来的勘探风险正相关。

早期关于管理者股票期权风险承担效应的研究并没有评估股票期权的凸性，而只是用持股水平代替股权激励。Guay（1999）是最早计算股票期权的凸性并利用这种凸性开展研究的学者。Guay 最先利用上市公司公告披露的信息计算股票收益年化标准差变化 1% 时管理者持有的证券价值变化（也就是期权 Vega），并将其作为对 CEO 薪酬凸性的衡量。Guay 利用横截面数据进行分析，发现授予 CEO 股票期权能显著提高 CEO 财富对股票风险的敏感性。通过进一步分析，他还发现这种敏感性与公司投资机会正相关。

沿着 Guay 开拓的这条路线，后续很多研究继续使用 Vega 作为自变量，发现 Vega 和公司财务杠杆、勘探风险、股票收益波动性、风险对冲等公司风险指标之间存在正相关关系（Rajgopal 和 Shevlin，2002；Cohen、Hall 和 Viceira，2000；Knopf、Nam 和 Thornton，2002）。例如，Knopf、Nam 和 Thornton（2002）发现，当管理者持有的股票期权薪酬组合对股票收益波动性的敏感性增加时，公司实施的风险对冲行为会更少。Cohen、Hall 和 Viceira（2000）提供的证据表明，在管理者的期权持有量和随后增加的公司风险之间存在正相关关系。因此他们得出结论：股票期权薪酬向管理者提供了采取行动以增加公司风险的激励。

Murphy（2013）设计了两种对股票期权激励的测量指标：一种是全部期权 Vega，等于股票价格波动性每增加一个百分点时未清算期权价值的变化；另一种是 Vega 的弹性，等于股票价格波动性每增加一个百分点时未清算期权价值变化的百分比。他发现，当股票价格波动性增加时，价外期权的价值按百分比计算增加得更多，但以美元或欧元计算相对少一些。

尽管有证据表明企业风险承担和期权 Vega 之间存在相关性，考虑到股票期权和企业风险承担之间有可能存在内生性，确定期权薪酬激励对企业风险承担的因果影响是很难的。由于管理者的薪酬可能是预计到特定风险环境后设计的，反向因果的可能性很难排除。有一些研究者试图解决这种内生性问题。一些文献通过估计联立方程等办法来处理这个问题（Coles、Daniel 和 Naveen，2006；Rajgopal 和 Shevlin，2002）。例如，Coles、Daniel 和 Naveen（2006）采用普通回归方程和联立方程模型两种方法分析管理者股票期权的风险承担激励和公司投资、融资决策之间的关系，他们发现，股票期权 Vega 与公司研发支出正相关，与资本支出负相关，与公司财务杠杆水平正相关。在经营集中度上，股票期权 Vega 与赫芬达尔指数表示的经营集中度正相关，说明公司会选择集中在较少的生产线。而且，管理者风险承担激励与用股票日回报标准差的对数表示的公司风险正相关。同时，他们也发现，公司的风险政策选择通常导致有更高的 Vega 和更低的 Delta 的薪酬结构，然而股票回报波动性对 Vega 和 Delta 都有正的影响。他们的实证证据证明：在管理者期权薪酬结构与公司投资政策、债务政策及公司总的风险承担水平之间有很强的因果关系。

Angie（2009）使用 Guay（1999）对凸性的测量指标，也得出与 Coles 等类似的结论，他们也发现，更高的期权 Vega 会导致企业增加研发投资等风险更大的政策选择，他们进一步指出，这些风险包括全部风险、系统性风险和非系统风险。但 Armstrong 和 Vashishtha（2012）却认为股票期权薪酬只能增加公司的系统性风险，而不能增加公司的特殊风险。

一些研究分析了股东对 CEO 实施激励的成本。例如，Jin（2002）检查了对 CEO 股权激励水平和公司特定风险之间的关系。作者从理论上指出，不管接受了股票和期权的 CEO 是否能对市场组合进行交易，最优激励水平总是随着公司特定风险而减少。作者发现的实证证据支持这个预测。而且，对面临着卖空限制的 CEO 的激励也会随着公司特定风险增加而减少。这些发现的一个主要结论是，因分散投资的匮乏而使管理者暴露于公司特定风险中导致的成本是 CEO 激励的一个主要成本。Henderson（2002）建立了一个连续的时间模型，其中风险规避的管理者可以在市场组合中交易，但因激励目的受制于公司特定风险。通过区分两种类型的风险，作者检查了股票波动性、公司特定风险和市场风险对管理者对期权估价的影响。他的分析表明，即使更高的股票价格波动性增加了股票期权对于股东的价值，但从风险规避的管理者视角看，公司特定风险的增加也有可能减少期权的价值。这个结论说明管理者未必想要增加股票的波动性，因为他们的风险厌恶可能会抵消或超过期权的凸性。因而作者预测，管理者所感受到的股票价格波动性地增加对期权价值的影响是模糊不清的。他们的结果也表明，公司授予管理者股票期权的成本要高于管理者对这些股票期权的主观估价。

Ju、Leland 和 Senbet（2003）的理论模型则认为，管理者的风险厌恶可能对企业投资风险选择有不利影响，看涨期权能引进太多或太少的风险承担，这取决于管理者的风险规避程度以及潜在的投资技术。Johnson 和 Tian（2000）也指出，虽然股票期权可以增加公司风险承担，但这种增加的风险承担也有可能是过度风险承担，例如，从事并购等被广泛认为是有损公司价值的风险承担行为（Jensen 和 Ruback，1983；Porter，1987）。

Williams 和 Rao（2006）认为，前期研究或者忽略了管理者持有的股票期权的影响，或者没考虑到管理者持股对公司风险的单独影响，因而并不能阐明股票期权薪酬在减缓管理者风险厌恶中的作用。利用一个公司合并样本，他们对管理者实施集团合并的动机重新进行评估。他们发现，合并后公司股票回报的方差与 CEO 股票期权薪酬提供的风险激励正相关，但这种关系随公司规模而变化，这种相关关系对于小公司更强，说明公司规模能减轻股票期权的风险激励效果。他们的研究结论表明，股票期权薪酬可以缓解管理者的风险厌恶倾向。

2008 年金融危机爆发之后，研究者对薪酬政策在提供风险承担激励中的作用的关注急剧增加。近期文献对期权激励与风险承担之间关系的研究扩展到其他更广泛的公司风险上。例如，Milidonis 和 Stathopoulos（2011）检验了高管激励与保险公司市场违约风险之间的联系，他们的实证结果显示，期权激励的过度使用可能导致保险公司的远期违约风险。Gormley、Matsa 和 Milbourn（2013）指出，持有更多凸性期权薪酬的管理者采取行动抵消公司右尾风险的可能性更小，这说明管理者薪酬组合的凸性会直接影响管理者对公司风险的选择。Wowak 等（2015）发现，股票期权使得 CEO 的谨慎性降低了，导致产品质量事故增加，并且期权薪酬的这种影响受到 CEO 的某些个人特点制约，如任期、创业者地位等。

值得注意的是，从历史的观点看，管理者薪酬方案必须面对的一个挑战是提供让管理者承担足够风险的激励，而不是过度追求风险的激励。自从 2008 年金融危机引起公众和学者对高管薪酬的质疑后，对于管理者激励的争议开始聚焦于管理者的过度风险承担。一些研究认为，期权薪酬的凸性支付结构产生了对企业过度风险承担的激励，并且增加了银行风险，尤其是违约风险（Balachandran、Kogut 和 Harnal，2010；Bolton、Mehran 和 Shapiro，2010；Inderst 和 Pfeil，2013）。但也有学者对此持相反看法，例如，Fahlenbrach 和 Stulz（2011）的研究结论指出，在金融危机期间的 CEO 期权薪酬和银行的不良业绩之间并没有相关性。

由于期权价值会随着基础股票价格波动性地增加而增加，所以股票期权能激励管理者增加公司风险承担的主张具有直观的吸引力。但是，也存在一些制约股票期权风险承担激励发挥作用的客观因素。例如，薪酬合约中会规定不允许管理者转让期权合约、法律上通常有关于内部人交易的法规限制等。因此，高管通常不能卖出他们的期权，也被禁止通过卖空其公司股票来对冲风险，他们也不能抵押这些证券。当经营环境不稳定时，风险厌恶、不能分散投资的管理者对股票期权的估值也会更低。因此，一些学者认为，股票期权可能不能像股东最初设想的那样解决风险相关代理问题。

例如，Lambert、Larcker 和 Verrecchia（1991）以及 Carpenter（2000）都认为股票期权的凸性激励结构未必一定能导致管理者更加愿意承担风险。其中，Lambert 等（1991）推导出一系列描述代理人风险规避和其对薪酬估价的比较静态分析结论，他们并没有发现股票期权增加企业风险承担行为的证据。甚至，他们还得到了微弱的相反证据。Carpenter（2000）指出，股票期权薪酬对管理者风险态度的影响比由布莱克—斯科尔斯期权定价模型得出的简单直觉更复杂。他们特别指出，当期权价值增加很大时，或者当距离到期日很远时，管理者会通过选择较低的资产波动性来减少资产的风险，出现这种情况是因为股票期权固有的杠杆扩大了管理者在资产波动性中的暴露程度。

Guay（1999）提出，薪酬结构的凸性（如股票期权）有可能被厌恶风险的管理者的效用函数的凹性所抵消。Lewellen（2003）也认为，期权，尤其是价内期权，有可能会阻碍管理者主动承担风险。Ross（2004）进一步指出，离开单调性、风险厌恶程度之类决定管理者效用函数的外部条件，认为授予代理人股票期权就能使他们更愿意承担风险的常规看法是错误的，也就是说，实际上不存在能使所有预期效用最大化者的风险厌恶程度都得以降低的激励方案。凸性薪酬方案会让代理人减少风险厌恶，而凹性方案会导致更多风险厌恶的说法充其量是不完整的。虽然这些说法是所有效用函数成立的必要条件，但远非充要条件。薪酬方案对代理人风险态度的影响不仅取决于薪酬方案的凸性，而且取决于其如何将效用函数的领域转换到风险厌恶更多或更少的部分以及其在边际扩大（或收缩）冒险的程度。后两种影响与凸性同样重要。总之，Ross认为，薪酬方案将使所有给定赌注的估值移动到一个与最初效用函数不同的部位，在此处，代理人的效用函数可能对应着比在原来位置上更大或更小的风险厌恶程度。

不仅理论研究中有不同的看法，关于管理者期权薪酬对企业风险承担影响的实证结论也存在分歧。例如，Faccio等（2016）、Graham（2013）、Schrand和Unal（1995）以及Rajgopal和ShevLin（2002）等都曾经探讨管理者股票期权和公司财务政策（例如，杠杆、回购、衍生工具使用和风险对冲等）之间的关系，但得出的结论却不同。另外一些研究包括May（1995）、Gormley和Matsa（2011）以及Low（2009）等检查了管理者持股和公司经营集中程度之间的关系，同样没有形成一致意见。

为进一步了解股票期权激励发挥作用的机制，一些学者研究了股票期权如何塑造管理者的观念和行为。例如，Devers、Wiseman和Holmes（2007）在实验环境中检查了期权持有者如何根据公司最近的股票价格趋势和波动性修订其对期权的主观估价。这种发现导致一种很重要的见解：管理者会不断更新其对期权价值的评估，这又会进一步影响企业的战略行为。

还有一些文献分析了董事会如何调整管理者薪酬中的风险。例如，Gormley、Matsa和Milbourn（2013）利用公司业务风险中没有预料到的变化实施自然实验，检查了管理者薪酬和公司风险之间的双向关系，分析董事会如何根据公司风险调整激励方案以及这些激励如何影响管理者行为。他们发现在左尾风险增加之后，董事会将减少管理者在股票价格波动中的暴露，来自于期权基础薪酬的凸性会减少，这会导致企业风险承担的减少，具体表现为持有凸性薪酬更少的管理者会削减财务杠杆和研发投入、储蓄更多现金和从事更多的并购。

Hayes、Lemmon和Qiu（2012）研究了外部法规的变化能否优化期权激励和管理者风险态度之间的关系。他们的实证结果表明，期权激励并不能降低与风险相关的代理成本。Kim、Patro和Pereira（2017）检查了管理者薪酬中的股票期权激励和管理者风险承担之间的关系以及资本结构对这种关系的影响。他们发现，企业的财务杠杆能显著削弱期权激励和管理者风险承担之间的关系。在考虑了公司财务杠杆和激励性薪酬决策之间的内生性之后这种结论仍成立。这种衰减效果对于短期和长期债务都成立，但是对短期债务更强。总之，该结果强调了资本结构对期权和管理者风险承担之间关系的影响。

国内文献尤其是早期文献，大多只关注管理者持股对企业总体风险水平和具体政策选择的影响，很少从股权基础薪酬对公司股票风险的敏感性视角去解读这种影响。其中一些研究分析了管理者持股对公司融资政策（吴晓求和应展宇，2003；韩俊华、干胜道和王宏昌，2015；盛明泉、张春强和王烨，2016；赵宇恒、邢丽慧和孙悦，2016）、纳税政策（吕伟和李明辉，2012）、并购研发等投资政策（吕长江和张海平，2011；卢闯等，2015；李小荣和张瑞君，2014；胡艳和马连福，2015）以及其他方面政策选择的影响。另外，有少量文献研究了管理者持股对总体风险水平的影响（苏坤，2015；梁权熙和詹学斯，2016；田存志、余欢欢，2016；李小荣和张瑞君，2014）。例如，苏坤（2015）发现管理者持股水平与企业风险承担水平正相关，股权激励能提高企业的资本配置效率。

  国内早期研究大多将限制性股票激励和股票期权激励混合起来分析，比如，用股票和期权之和占总薪酬的比例代表激励力度。最近有一些研究开始直接用期权价值和期权 Vega 度量管理者风险承担激励。而且，国内文献关于管理者股权激励的研究很多是探讨股权激励的利益协同效应和壕堑效应。近年来，一些研究者开始关注了股权激励的风险承担效应。Zeng 等（2014）利用中国上市公司 2006~2011 年的数据，实证检验了管理者股权激励和公司风险承担及公司业绩之间的关系。他们用会计盈余波动性衡量公司风险承担程度，发现在管理者股权激励和公司风险承担之间存在正相关关系。而且与职位较低的员工相比，对高层管理者的风险承担激励效果更显著。此外，由于样本公司的风险承担水平很低，增加公司风险承担能引起公司价值的大幅增加。使用股票收益波动性作为风险承担的代理变量再次进行检验，他们的研究结论仍保持不变。

  孙桂琴、马超群和王宇嘉（2013）用 Vega 和 Delta 作为股票期权激励的代理变量，采用 2006~2012 年实施股票期权激励的中国上市公司样本，将这些上市公司实施的股票期权方案划分为福利型股票期权方案和激励型股票期权方案。他们发现，中国上市公司管理者股票期权 Vega 在两种类型期权方案中的作用是不同的：对于激励型期权方案，Vega 与企业总风险没有显著相关性，但对于福利型期权方案，Vega 与企业总风险负相关。总之，他们的结论是，中国上市公司实施的股票期权方案并不能激励管理者承担更多风险，因为虽然激励型股票期权方案的风险激励效果为正，但并不显著，而福利型股票期权方案反而会加剧管理者的风险厌恶。

  尚航标和黄培伦（2014）指出，股权激励能调节企业绩效负向反馈和风险战略行为之间的关系。他们分别用高管持股比例和股票期权价值衡量高管股权激励，实证检验的结果表明，当企业业绩较差时，对高管实施股权激励能减少其风险规避，促使企业采用风险战略行为，股权激励与资本性支出强度和财务杠杆之间呈现显著正相关关系。

叶陈刚等（2015）使用2006~2012年实施股权激励公司的样本，用Delta和Vega分别代表股权激励的风险规避效应和激励效应，实证检验股权激励对研发支出的影响。他们发现，限制性股票的Delta与研发支出显著正相关，而股票期权的Delta与研发支出之间的关系不显著；相反，限制性股票和股票期权的Vega都与研发支出正相关，但后者的影响更显著。因此他们得出结论，认为限制性股票对研发支出的影响主要体现在风险规避效应上，而股票期权对研发支出的激励效应更强，股权激励对研发支出的最终影响方向由两类效应的综合效果决定。

王栋、吴德胜（2016）用股票收益波动率衡量公司的风险承担，实证检验股权激励与企业风险承担水平及政策选择之间的关系。他们发现，高管股票期权Vega能显著提高企业的风险承担水平，并且这种促进作用在民营企业比在国有企业更显著。而且，他们进一步研究了高管股票期权Vega对其企业有风险的政策选择的影响，结果表明期权Vega与企业的经营集中度和资产负债率正相关，但对研发投资没有显著影响。

屠立鹤和孙世敏（2017）用管理者持有的股票期权的预期价值衡量股票期权的激励程度，并根据激励合约中的行权业绩条件和有效期将企业授予管理者的股票期权划分为严苛型和宽松型，分别考察这两类高管股票期权与企业风险承担水平之间的关系，他们提供的证据表明，严苛型股票期权的激励程度与高管风险承担水平之间是倒"U"形关系，而高管持有的宽松型股票期权不仅不能激励高管增加风险承担，反而会降低企业的风险承担水平。同时他们还认为，解雇压力能调节股票期权激励程度与企业风险承担之间的关系。在两篇文献中，屠立鹤和孙世敏（2017b，2017c）又分别将高管股票期权划分为"福利型和激励型"以及"高标准型和低标准型"，但使用Vega衡量股票期权激励程度，也得到了类似的结论。他们还发现媒体关注、市场竞争会调节期权激励与高管风险承担之间的关系。

邱强、卜华和陈健（2018）采用2006~2013年的中国上市公司样本，用Heckman方法解决漏变量导致的内生性问题，用Delta和Vega衡量股权激励水平，实证检验管理层风险偏好、股权激励方案与企业风险承担三者之间的关系。他们的研究结论表明，厌恶风险的管理者更欢迎限制性股票，而偏好风险的管理者更愿意接受股票期权。在控制管理者的风险偏好之后，股票期权具有风险激励效应，而限制性股票则不具备这种风险激励效应。他们还发现，股票期权的风险激励效应在民营企业比在国有企业更强。

第二节 股票期权激励与业绩之间关系的相关研究

早在 1925 年,Taussings 和 Barker(1925)就开始分析管理者薪酬激励与公司绩效之间的关系,他们发现二者之间相关性很小。在随后几十年中,很多文献的研究结论仍与 Taussings 和 Baker 类似,也认为管理者薪酬业绩敏感性很小。例如,Main(2010)检验了美国和英国管理者薪酬与股东财富之间的关系,得出了管理者薪酬财富的激励作用甚微的结论。Tosi、Werner 和 Katz 等(2000)也证明了企业业绩对 CEO 薪酬的解释能力很小,只有 4% 的 CEO 薪酬变化可以用企业业绩来解释。

Jensen 和 Murphy(1990)检查了 1974~1986 年美国上市公司薪酬政策对 CEO 提供的激励的大小,发现虽然 CEO 薪酬与企业业绩之间的关系显著为正,但对于 CEO 这种需要薪酬提供很多激励的职业来说,这种相关性却太小了。他们发现,当股东财富每变化 1000 美元时,当年和下一年度的工资和红利增加额仅为 2 美分,工资、未执行期权和辞退福利的总变化是 75 美分,股权(包括未行权股票期权和股票)价值变化是 2.5 美元,所有报酬形式的变化之和是 3.25 美元。尽管在他们的研究样本中,持股比例中位数仅占薪酬总额的 2.5%,但管理者持股计划向 CEO 提供的激励却比其他薪酬形式所能提供的激励都更大。但是,由于大部分公司的管理者持股比例都太小,并且大公司 CEO 比小公司 CEO 持有的股票份额更少,从而获得的股权基础激励更小,因而管理人员并没有承担足够的风险。因此 Jensen 和 Murphy 建议通过让管理者持有更多股票来提高对企业管理者的激励力度。

从 20 世纪 90 年代开始,美国上市公司高管的薪酬水平发生显著变化,上市公司 CEO 的股票期权薪酬和工资总额都大幅增加(Murphy,1999),而且 CEO 薪酬组合中股票期权薪酬的增加最为迅速。标准普尔 500 公司 CEO 持有的股票期权薪酬占其总薪酬的比例在 1992 年是 22%,但到了 1999 年,股票期权薪酬已经超过 CEO 薪酬总额的一半。美国高管薪酬结构的变化验证了 Jensen 和 Murphy 的预言,由于股权基础薪酬的增加,管理者薪酬与上市公司业绩的敏感性也随之增加了。

为确定管理者薪酬的决定因素,代理理论学者建立起各种不同的代理理论基础模型(如 Hall 和 Murphy,2002;Williams 和 Rao,2006),他们的结论是管理者薪酬的最优形式取决于各种因素，包括管理者暴露于公司特定风险中的程度、管理者使其持有的投资组合多样化的能力、管理者的努力对公司经营风险的影响、公司面临破产风险的程度等。相反，Dittmann 和 Maug（2007）得出的结论是，文献中经常使用的委托代理模型并不能对观察到的薪酬合约做出合理解释。另外一个对业绩与薪酬之间弱相关性的解释是 CEO 薪酬的高水平是有权力的管理者设计其自身薪酬的结果，而不是竞争性的管理者市场上最优契约的结果（Bebchuk、Fried 和 Walker，2002）。但 Frydman 和 Jenter（2010）调查了自 20 世纪 30 年代以来的 CEO 薪酬演化和薪酬与业绩之间的关系，他们得到的研究结论是，管理者权力论和竞争性市场理论都可以解释 CEO 薪酬的决定因素，但哪一个理论都不能与可得到的证据完全一致。其他学者也提出了类似的看法，认为管理者权力论和最优契约理论都不足以解释管理者的薪酬实践，需要将二者结合起来才能加深对企业薪酬实践的理解（Murphy，2013）。

虽然有大量关于管理者薪酬的文献探索了各种环境下的管理者薪酬—业绩关系，但研究结论并不一致。总体上看，解释管理者薪酬的文献大致可分为两大阵营：有效契约阵营和管理者权力阵营。有效契约阵营扎根于最优合约理论，该理论认为人们看到的管理者薪酬水平和薪酬组成反映了管理者人力资本市场上的竞争均衡，董事会构建薪酬激励合约的目的是实现公司价值最大化，而董事会设计的薪酬合约能够实现这种目的。管理者权力论主张，管理者薪酬水平和具体构成都不是市场竞争的结果，而是被 CEO 俘获的董事会成员迎合 CEO 的结果。Murphy（2013）主张，在 20 世纪 90 年代，公司将大量股票期权授予很多员工，是因为董事会和管理者错误地认为授予期权是免费的。这种巨额授予可被看作是有效契约阵营和管理者权力阵营的结合：董事会屈服于股东要求将管理者薪酬与股权价值更紧密地联结起来的压力，从而在没有显著减少其他形式薪酬的情况下，大量授予管理者股票期权。本质上，有效契约阵营将管理者薪酬看作是用于减轻管理者和股东之间代理问题的手段，而管理者权力阵营认为管理者薪酬是股东和董事会成员（他们经常拥有少量公司股票，并且绝不是股东的完美代理人）之间代理问题的症状。Murphy（1999）认为，将有效合约理论和管理者权力看作是解释管理者薪酬相互矛盾的假说是没有成效的，因为这些假说不是互相排斥的，并且因为他们忽略了重要的政治因素和对薪酬的其他影响。最终，值得调查的是这两种理论共存和相互作用的范例。

鉴于管理者薪酬成分的复杂性，为解决对管理者激励是否有效这一难题，学者们认为有必要研究各种薪酬成分的作用。在股权激励成为薪酬的重要组成部分之后，股权激励的效用成为学者们关注的重点。

在美国上市公司的股权激励实践中，既有硅谷高科技企业的成功经验，也有安然公司的负面教训。对股权激励与业绩关系的理论和实证研究由来已久。股权激励包括很多形式，其中应用最广泛的是股票激励和股票期权激励。这两种激励形式被很多理论和实证研究证明是有助于解决代理问题的有效机制。大量文献检查了员工薪酬组合中的股票期权和限制性股票对于企业和员工的成本和收益。由于股权基础薪酬可能对管理者决策产生影响，大多数文献仅关注对管理者的股权激励。

股东设计和实施股权激励方案的目的是减少股东和管理层之间的目标冲突，降低代理成本并提高公司业绩。很多研究表明，资本市场对股权激励方案的实施有正面反应，例如 Yermack（1997）、Morgan 和 Poulsen（2001）、Brickley、Bhagat 和 Lease（1985）等都发现宣告采用股权基础薪酬方案的公司会产生正的超常收益。但也有人认为，这种正的超常收益是管理层故意选择有利时机宣告股权激励方案造成的。

早期研究大多以管理层持股衡量股权激励，很多理论和实证分析的结果支持股权激励的"利益趋同效果"，也就是说股权基础的薪酬能将高管财富与公司业绩捆绑在一起，因而能减少了代理成本（Jensen 和 Meckling，1976；Morck、Shleifer 和 Vishny，2004；Eric，2005；Currim、Lim 和 Kim，2012）。例如，Eric（2005）指出，高管持股水平越高，他们抵制控股股东侵占公司利益的动机越大，从而有助于维护公司利益，提升企业价值。Currim、Lim 和 Kim（2012）也发现，股权薪酬比率的提高与企业销售业绩正相关，而广告和研发投入在二者关系中具有中介效应。

但也有人认为，管理者持股会产生"壕堑效应"，因为持有很多股票的经营者会利用各种方法阻碍市场并购以便维护其个人利益（Fama 和 Jensen，1983），股权激励本身也会成为管理者谋取私利的工具，从而加重代理问题（Bebchuk 和 Fried，2002）。

由于管理者持股与股权激励并非相同的概念，而且股权激励的不同形式作用的机理也不同。因此，有必要研究股权激励具体形式与业绩的关系。

关于管理者薪酬中限制性股票的相关文献大多认为用限制性股票补偿管理者是次优选择。例如，通过对薪酬合约中的股票期权和限制性股票建模分析，Lambert 和 Larcker（2004）指出，限制性股票通常不是最优的合约形式，限制性股票的线性支付结构会导致管理者在制定决策时过度保守。虽然从理论上来说，限制性股票合约对公司的成本（相对于期权合约）可以通过降低代理人的工资来抵消。然而在实践中，管理者的工资界限是 0 或更高，即使经营业绩很糟，也不可能强迫代理人补偿公司的损失。根据这种理论预期，Bryan、Hwang 和 Lilien（2000）进行了一项实证研究，他们的证据表明，由于是一种线性支付，限制性股票在引导风险厌恶的 CEO 接受有风险但增加股东价值的投资项目上比股票期权效率更低。

Irving、Landsman 和 Lindsey（2011）也发现，授予管理者限制性股票会被市场负面估价。然而与限制性股票相反，市场会对股票期权授予给予正面估价。这个结果与限制性股票缺少类似于股票期权的正面激励效果的理论预期一致，说明限制性股票被投资者看作是公司的一项费用或负债。

由于资本市场的不完美，管理者和股东之间对薪酬方案组成部分的估值产生了分歧。尤其是为解决道德风险和逆向选择问题，股东被迫将管理者人力资本的价值与公司的价值捆绑起来，这些同样的因素也阻止了管理者将其风险分散到与股东同样的程度。而且，公司高管有可能不能合法地卖空其所持有的股票，他们可能被没收任何从公司股票短期交易中得到的利润。管理者也被合同规定禁止出售其公司股票期权或在授予后特定期间内行权。因此，管理者的风险厌恶问题是重要的代理问题。

由于股票期权的价值与公司波动性正相关，所以很多学者预期股票期权薪酬能促进管理者风险承担进而增加公司价值。一些实证证据支持这种预期。例如，Haugen 和 Senbet（1981）指出，可以用看涨期权和看跌期权的组合解决 Jensen 和 Meckling（1976）中模型所展示的外部资本的代理问题。在模型中，公司每一元额外花费的成本对于管理者来说会低于其对于股东的成本。看涨期权会减少这种相对低的成本导致的管理者花费额外津贴的动机。而看跌期权也可能减少管理者消费额外津贴的动机，这是因为如果花费更多额外津贴，管理者不得不承担更多责任。Hall（1998）利用 1980~1990 年美国公司数据开展研究，他们发现公司市场价值与管理者持有的公司股票和股票期权价值之间正相关，因而股票期权能提高企业业绩。此外，Sesil、Kroumova 和 Blasi 等（2002）也发现，使用期权薪酬的公司通常业绩更好。Hanlon 和 Heitzman（2010）发现，管理者持有的更高水平的股票期权与企业未来的获利能力有关，这意味着股票期权有正的激励属性。Conyon（2014）用 1992~2012 年的美国公司数据分析发现，包括股票期权薪酬在内的美国公司管理者薪酬与业绩正相关。

但是，文献中也有不同的看法。Ittner、Lambert 和 Larcker（2003）指出比预期低或维持现有水平的股票和股票期权授予与随后的更低的公司会计和股票业绩有关，但比预期高的股票和期权授予与公司未来业绩没有关系。而 Landsman、

Lang 和 Yeh（2007）却发现，管理者期权薪酬的正面激励效果仅存在于公司治理水平相对高的公司。Bebchuk、Cremers 和 Peyer（2011）分析了 CEO 薪酬占前五位高管薪酬的比率与公司期权授予行为和业绩之间的关系，发现 CEO 薪酬在高管薪酬中占比越高，则会有越多的期权授予择时行为，并且会降低公司业绩。

另外，Yermack（1997）等认为，期权授予和公司业绩之间也许存在逆向因果关系，也就是说，也可能是那些业绩好的公司会授予更多期权，而不是期权促进好的业绩。

此外，Lam 和 Chng（2006）发现的证据表明，公司向管理者授予股票期权能对公司价值产生影响，但这种影响并非线性的，而是"U"形的。他们还评估了企业在管理者薪酬中使用股票期权的动机，发现增加价值、风险承担和发送信号是公司向管理者授予股票期权的动机，但他们的研究结论不能支持税收利益和现金保存动机。

前面提到的这些研究结论表明，虽然很多证据支持公司授予管理者股票期权的目的是为了提高公司价值，但股票期权是否真正能够提升公司价值却仍是一个需要检验的实证问题。

赞成使用股票期权的代理理论学者不仅预期这些激励会增加管理者风险承担，而且预期这些风险承担会有益于提升公司业绩和股东利益（Jensen 和 Murphy，1990；Mehran，1995）。但也有学者认为，股票期权可能造成管理者过度冒险。虽然高水平的股权激励薪酬有可能带来极端的业绩——巨盈或巨亏，通过股票市场对股票期权薪酬的有利反应可以看出，投资者似乎相信前者比后者多。Sanders 和 Hambrick（2007）指出，如果没有股票期权薪酬，管理者会过于风险规避。过度的股票期权授予会产生不好的结果，适度激励是很必要的。他们的证据指出，股票期权占薪酬总额的 20%~50% 的 CEO 比持有更少比例期权薪酬的 CEO 表现出更多极端的业绩，从而承担了更大的风险。但是，与持有期权最多的 CEO 相比，他们的业绩在盈利和损失之间更加对称。这似乎说明当期权数量比较适中时有助于产生股东希望的风险承担，更不容易产生与更激进的期权方案相伴的不成比例的巨亏趋势。

国内关于股权激励的研究起步较晚，早期文献多将股票期权激励与限制性股票激励混在一起，都作为管理者持股来研究。早期文献主要关注高管持股激励对企业价值的直接影响，但研究结论很混乱。

一些研究结论认为股权激励对企业业绩的影响不显著（魏刚，2000；于东智、谷立日，2001；杨瑞龙和刘江，2002；顾斌、周立烨，2007）。例如，顾斌和周立烨（2007）发现，2002 年之前实施高管股权激励的上市公司的业绩并没有发生显著提升。陈艳艳（2016）认为，短期的市场正面反映是投资者非理性情绪的后果，股权激励无法带来长期股东财富的增长。在研究股权激励对业绩影响的早期文献中，上述观点占主流地位，其原因可能是当时我国上市公司的会计报表质量较差，而且股票市场效率也较低。还有一些文献认为在一定环境下股权激励与企业业绩正相关（周建波和孙菊生，2003；李瑞、马德芳和祁怀锦，2011；郝晓雁、任配莘和淮莹莹，2013；谢德仁和陈运森，2010）。例如，谢德仁和陈运森（2010）发现，股权激励公告后股票市场会产生正的超额回报，而且业绩指标越详细，这种市场累计超额回报越高。另外一些研究则认为股权激励与企业业绩之间是一种非线性关系（吴淑琨，2002）。

面对这种混乱的结论，近年的研究开始关注股权激励与企业业绩之间关系中的中介变量和调节变量的影响。例如，冯根福和赵珏航（2012）发现，高管持股比例与公司业绩之间关系的一个中介变量是管理者过度在职消费。张曦和许琦（2013）发现，对中小投资者的法律保护水平在高管激励性薪酬与公司业绩之间的关系中起到调节作用，会增强二者的相关性。

国外对于管理层持股与公司绩效之间关系的研究曾提出利益一致性假说和壕堑效应假说，这两种假说在国内资本市场上都能找到证据支持。

国内最近几年才开始专门研究某种股权激励方案的效果，但国内直接研究股票期权激励的实证研究比较少，早期研究多是一些理论推导，例如杨慧辉（2008）指出，企业实施股票期权激励的经济成本要比限制性股票的经济成本更低。近期有一些文献开始对股票期权激励与企业业绩之间的关系加以实证检验。例如李江波和赵俐佳（2010）发现，高管股票期权激励能导致企业主营业务收入增加。赵华伟（2016）证明，相比于限制性股票和股票增值权，股票期权提升企业业绩的效果最显著，另外两种激励方式并不能显著提高企业业绩。而刘志远和刘倩茹（2015）认为，只有管理层得到足够收益，股票期权激励才能实现预期效果。若管理层在股票期权薪酬中得到的收益过低，即使得到股票期权激励，管理者也无法完成股权激励方案中的预期业绩条件。王栋和吴德胜（2016）认为股票期权激励能增加企业的风险承担，进而会提高企业的资本配置效率。徐经长、张璋和张东旭（2017）分析了 2006~2016 年实施股权激励的中国 A 股上市公司样本，发现公司会根据高管的风险态度选择激励方式，也就是说，当高管风险规避倾向较强时，公司更愿意选择股票期权激励，而当高管风险承担水平较高时，则会授予其限制性股票。而且，这样做能产生更好的业绩。

还有一些研究者认为,股票期权激励的业绩效果受制于一定的情境因素,例如,激励方案的福利性与激励性、激励条件的设置等(屠立鹤和孙世敏,2017;屠立鹤、孙世敏和陈怡秀,2017;刘志远和刘倩茹,2015)。

总之,国内文献对于股票期权对业绩的影响关注还很少,并未得到一致结论。

第三节 风险承担对企业业绩影响的相关研究

分析企业风险承担对企业业绩影响的文献大多认为企业风险承担有助于提高企业业绩。例如,Gilley、Walters 和 Olson(2002)发现,企业风险承担水平对公司业绩有显著的正面影响,但在公司经营环境不稳定时这种影响会被削弱。Lee 和 Yermack(2017)提出董事会可以通过增加管理者的风险承担激励(Vega)来减轻与战略性违约相关的代理问题,他们用标准普尔500公司2001~2015年的样本证明了这种预测。Faccio、Marchica 和 Mura(2016)分析了 CEO 性别变化导致的企业风险承担减少及其后果,发现风险承担行为的减少会导致资本分配效率降低。Daigle、Olhava 和 Therkelsen 等(2014)检查了突尼斯高管的风险承担对业绩的影响,发现突尼斯高管倾向于更加保守和厌恶风险,因而导致公司业绩下降。Hegde 和 Mishra(2017)发现并购双方的风险承担程度会影响购买方的公司价值。

也有学者认为通过增加企业风险承担促进企业价值提升是需要一定的条件的。如 Ferris、Javakhadze 和 Rajkovic(2017)研究了因社会资本导致的风险承担的增加与企业业绩之间的关系,对风险承担增加导致业绩同样增加的边界条件加以检查,他们发现当管理者壕堑效应比较低、外部融资比较多、企业信息不对称比较严重、企业存在投资不足的情况下,企业风险承担的增加才会带来超额股票收益率,否则增加风险承担并不会给股东带来超额回报。

也有学者指出,风险承担未必会带来好的业绩,因为管理者的过度风险承担也可能不利于创造股东价值,比如虽然前期文献通常认为多数并购并不能提高收购方的企业价值,反而会降低企业业绩(Bruner,2002;Sharma 和 Ho,2002;Bhaumik 和 Selarka,2012;王艳和阚铄,2014),但追求风险的管理者却经常执行一些不创造股东价值的并购,并因此提高了企业的风险承担水平,这种风险承担就是典型的过度风险承担。

目前国内学者对于企业风险承担与业绩之间关系的研究很少，而且多数文献都是分析商业银行和基金公司的风险承担行为的业绩后果（雷光勇和王文，2014；刘任重、郭雪和徐飞，2016），直接关注非金融类上市公司的风险承担的业绩后果的研究比较少。其中，张瑞君、李小荣和许年行（2013）提出提高企业风险承担水平能提高企业业绩，并且企业风险承担在高管货币薪酬与公司业绩之间的关系中起到部分中介效用作用。余明桂等（2013）以盈利的波动性等指标衡量企业风险承担水平，检验了企业风险承担对资本配置效率和企业价值的影响，他们发现企业风险承担水平越高，则企业投资水平对以托宾 Q 衡量的投资机会越敏感，这说明提高企业风险承担水平，将有助于企业识别投资机会，提高资本配置效率。同时他们还发现，企业风险承担水平也与以托宾 Q 值和销售收入增长率表示的企业业绩正相关。

但李海霞（2017）却发现，企业风险承担的增加会对其成长性造成负面影响，并且这种负面影响在国有企业更显著。

虽然关于企业风险承担与其业绩之间关系的研究结论并不相同，但现有研究仍表明，企业风险承担与业绩之间存在相关性，只不过这种相关性的具体性质仍有待进一步探讨。

目前关于企业风险承担对业绩影响的研究分析了很多不同的业绩指标，除了销售增长率（Covin 和 Slevin，1998）、股票收益率（Ferris、Javakhadze 和 Rajkovic，2017）、托宾 Q（余明桂、李文贵和潘红波，2013）等财务指标外，还包括创新精神、股东满意度（Gilley 等，2002）等非财务指标。业绩指标选择的不同以及企业所处环境的差异也许是造成关于企业风险承担与业绩之间关系的研究结论不一致的原因。

第四节　文献评述及研究切入点

本章系统梳理了与管理者股票期权激励和企业风险承担及其业绩后果有关的国内外前期文献。

第一部分文献是关于股票期权激励与企业风险承担的相关文献。首先，我们对影响企业风险承担的管理者股票期权之外的其他因素做出全面总结。除了从代理理论视角评价造成管理者风险厌恶的原因之外，本书还对从企业外部环境、公司治理因素、CEO 个人属性等视角研究企业和管理者风险承担的相关文献加以整理分析。其次，本书重点总结和评价了与管理者股票期权激励和企业风险承担有关的前期文献。第二部分是关于股票期权激励与企业业绩之间关系的相关文献。第三部分是关于风险承担对企业业绩影响的相关文献。下面我们将从研究视角和研究方法两个角度对上述文献做出综合述评，并据以确定后续研究的切入点。

一、研究视角方面

代理理论认为，股权激励能有效缓解股东和管理者之间的代理问题（Jensen 和 Meckling，1976；Holmstrom，1979；Jensen 和 Murphy，1990），也就是说，股权激励既可以促使厌恶风险的管理者从事净现值为正的风险项目，又可以促使管理者放弃净现值为负的项目。因此，通常可将股权激励所能产生的效果分为两类，一类称之为风险承担效应，另一类称之为利益协同效应。代理文献中也习惯于将这两种效应所对应的激励称之为风险承担激励和利益协同激励。国外的股权激励实践开展较早，相关理论研究和公司实践都比较成熟。前期国外文献对于股权激励的研究主要从两个分支展开。

第一个分支主要研究股权激励的利益协同效应。其中大量文献检查了股权激励与企业业绩或价值之间关系，并产生了三种不同的结论。第一种结论正如 Hall 和 Liebman（1998）所总结那样："代理问题最直接的解决方案是通过向 CEO 授予股票和股票期权将管理者和股东的利益联结起来。"也就是说，股权激励能提高企业业绩、增加企业价值。这种观点是股权激励研究中的一种主流观点。第二种结论认为，股权激励与业绩之间的关系取决于利益趋同和管理者防御二者中哪个更占据优势。第三种结论认为，股权激励不能影响企业业绩，甚至还有可能导致企业业绩下降，损害股东价值。

前期文献关注的另一个分支是股权激励的风险承担效应。有很多文献认为，为了引导管理者做出最优的投资、融资等决策，在设计管理者薪酬合约时，股东除了需要管理股票价格和管理者财富之间关系的斜率，还应该管理股票价格和管理者财富之间的凸性。后者涉及管理者对企业特殊风险的反应。有理论研究指出，凸性激励方案应该能影响公司的投资和融资决策。另外，也有实证证据表明，CEO 的确会对股权激励合约中的风险承担激励做出反应，并且因此调整其行动。资本市场也会对管理者薪酬中的风险承担激励做出评价和反应，股票和债券价格对首次股权授予的市场反应意味着投资者预期这些授予会影响公司风险（DeFusco、Johnson 和 Zorn 1990；Billett、Mauer 和 Zhang，2010）。然而，研究者对于股东是否有意提供了这些风险承担激励仍是知之甚少。换一种说法，股东很可能仅仅对利益协同激励感兴趣，文献中发现的风险承担效应很可能只不过是这些利益协同激励的副作用。

综观国内外相关文献可知，关于股票期权如何影响企业风险承担的理论预期仍存在一些分歧。很多研究者认为，若使用股票期权薪酬激励管理者，管理者就能得到股票期权价值上涨的收益，却不必承担股价下跌导致的损失，同时由于股票期权薪酬是一种凸性薪酬，这种凸性的支付结构将对管理者产生风险承担激励。这种直观看法主要来源于布莱克—斯科尔斯期权定价模型。Jensen 和 Meckling（1976）、Smith 和 Stulz（1985）都曾经提出过这种观点。此外，Lambert、Larcker 和 Verrecchia（1991）等指出，由于股票期权比普通股多了一种杠杆性质，股票期权会扩大厌恶风险的管理者在公司特殊风险中的暴露程度，从而也有可能减少管理者承担风险的欲望。例如，如果股票期权以价内期权终结的可能性非常高，则股票期权薪酬就有可能增加管理者对风险的规避程度，管理者增加公司股票收益波动性的愿望未必与其持有的股票期权财富占薪酬总额的比率正相关。因此，尽管高管股票期权激励是一种凸性激励，但它在引导管理者做出净现值为正的风险投资方面是否有效仍是一个需要继续探讨的重要理论问题（Hall 和 Muiphy，2003；Murphy，2013）。

总之，虽然主流观点是管理者股票期权薪酬可以增加企业的风险承担水平，但仍有部分研究者的观点是恰好相反的，对于管理者股票期权激励能否促进企业承担更多风险的理论研究并未达成一致结论。直觉上看，对股票期权的估值取决于管理者的风险厌恶、管理者财富的总水平、管理者投资于公司股票的财富比例以及管理者在公司一直待到授予日的可能性。在前面这些理论预期的基础上，很多实证研究力图证明股票期权可以引导管理者承担更多风险（Rajgopal 和 Shevlin，2002；Cohen、Hall 和 Viceira，2000）。但是，尽管试图证明股票期权的凸性和企业风险承担之间关系的实证文献非常多，但对于股票期权是否能达到股东所期望的风险承担激励效果，前期实证研究的结论也和相关的理论预期一样，仍存在分歧。

中国企业引入股权激励制度时日尚短，相关制度和法规仍不完善，还需要经常修订。国内文献中关于股权激励的理论研究和实证研究也比较粗糙，仍有待进一步细化。国内文献大多对股票期权与限制性股票等不同股权激励方式不加区分，只是通过对激励股份数量的简单合并衡量激励水平，专门讨论管理者股票期权激励的文献很少。而且，国内研究通常仅关注股票期权的利益联结效果，聚焦于股票期权风险承担效应的研究寥寥无几。对于股票期权激励的业绩后果，相关研究的结论也有很大分歧。有人认为股票期权激励有助于企业业绩提升，但也有人认为股票期权激励对企业业绩没有影响，甚至有一些人认为股票期权激励会对企业业绩造成负面影响。

造成当前股票期权相关研究结论的模糊性的一个原因可能是没有关注股票期权激励影响公司业绩的渠道。纵览现有前期文献可知，尽管股票期权激励通常被认为是影响公司风险承担和业绩的重要因素，但国内文献主要从利益协同角度分析其对企业业绩的影响，很少有人分析股票期权风险承担激励的影响。而且很少有文献检查增加的风险承担是否能促进企业业绩或价值提升，也没有文献将股票期权激励、企业风险承担和企业业绩三者作为一个整体加以系统分析。因此，本书将把股票期权的风险承担激励、企业风险承担和企业业绩放到一个分析框架下，从风险承担视角探讨管理者股票期权激励影响企业价值的具体路径，并检查企业风险承担在股票期权风险承担激励与企业业绩之间关系中的中介效应是否存在。

二、研究方法方面

从研究方法上看，关于股权激励的早期研究大多将股票和期权持有量合并在一起分析，这混淆了各种激励方式的不同风险特性。不同的薪酬形式会使管理者承担不同的薪酬风险。来自股票期权的薪酬支付会比限制性股票的固有风险更大，限制性股票又比现金薪酬风险更大。不能进行分散投资的风险厌恶的管理者自然会对风险较大的薪酬形式赋予更低的价值。但大多数管理者的薪酬研究却只是盲目地将这些不同的薪酬形式加在一起。而且，几乎所有的早期实证文献都使用一个相对初级的薪酬结构变量作为股权激励的代理变量。这些变量包括变形的、标准化的或未变形的、未标准化的期权持有量、持有的期权价值、授予的期权数量、期权授予价值、股票持有量、授予的股票、股票和期权持有量的总和等。相对于 Vega 和 Delta 这类敏感性指标，这些衡量股权激励水平的代理变量是噪声非常大的指标（Core 和 Guay，2002）。在 Guay（1999）之前，大多数研究仅仅用持股比例等薪酬结构变量来衡量股权激励，却很少使用管理者财富的敏感性指标。在 Guay（1999）的文章发表之后，利用管理者财富对股票价格及其波动率敏感性指标开展的研究在国外文献中逐渐占据了支配地位，这是由于研究者发现期权 Delta 和 Vega 之类的敏感性指标能更好地衡量股权激励。近期国外文献大多遵循 Core 和 Guay（2002）的建议，通过估计管理者股权薪酬对股票价格的敏感性和股权薪酬对股票价格波动性的敏感性来衡量股权激励中的利益协同激励和风险承担激励。

我国学者对股权激励的研究起步比较晚，国外前期研究在研究方法上所走的弯路在我国也一一体现出来。虽然通过估计授予管理者的股票和期权的 Vega 和 Delta，可以得到比仅用期权、股票数量或价值更精确的度量，但除了个别文献外，国内早期文献基本上都使用持股比例等反映薪酬结构的指标衡量股权激励，很少有研究者使用 Vega 和 Delta 之类的敏感性指标。近期我国大部分文献仍以持股比例等指标作为股权激励的代理变量，只有少量文献使用了 Delta 和 Vega 等敏感性指标，并且大多数文献也没有对股票期权或普通股各自的激励效果加以区分。Delta 和 Vega 分别描述了股权薪酬的利益协同激励和风险承担激励，通过在回归中同时包括 Delta 和 Vega，可以隔离这些激励各自的影响。但在国内研究中，除了少数文献之外，多数文献倾向于仅关注股权激励的一个维度，比如 Delta 或 Vega，却不同时控制其他维度。Vega 和 Delta 的结合很可能因公司而显著不同，这两者都会影响企业和管理者的风险承担行为（Coles、Danie 和 Naveen，2006）。因此，任何研究公司风险承担与管理者薪酬财富 Vega 之间关系的研究都应该同时控制 Delta 的影响。

国内文献出现各种混合结论的原因也可能是将股票期权激励和其他激励形式都看作是同样的管理层持股，对风险承担效应的测量不够精确。因此，本书中将同时使用 Vega 和 Delta 两种敏感性指标，以便隔离这些激励各自对风险承担的影响。

另外，国内关于股权激励业绩效果的研究结论存在差异，其原因可能是对业绩指标的选取上存在分歧。因此，本书在衡量企业业绩时，将同时包括市场业绩和会计业绩两类指标，以便尽可能全面地分析管理者股票期权激励对不同业绩衡量标准的影响。

关于股权激励与公司的风险承担的研究通常从两个层面展开，一个层面是公司总体风险承担水平，通常用公司股票收益的波动性、会计收益的波动性来表示。另一个层面是公司政策层面的风险承担。一些文献将公司风险政策和其他总体收益率的波动性作为两类不同层次的风险承担变量，并对这两个层次风险承担之间的关系作出检验。例如，Ferris、Javakhadze 和 Rajkovic（2017）认为公司风险政策是增加公司总体风险承担水平的渠道。另外一些研究将两类的风险承担变量看作一个层次的变量，都作为公司风险承担水平的代理变量。本书认为，从企业整体风险承担水平和具体的风险政策两个视角全面分析企业风险承担有助于全面理解股权激励的风险承担效应，因此本书将使用企业总体风险承担水平和风险政策两个层面的变量去全面衡量企业的风险承担。

第三章 制度背景和理论基础

股权激励制度萌芽于19世纪美国工业化初期，到20世纪50年代已初见雏形，并随着监管法规的发展而不断成熟，到了20世纪80年代以后，美国上市公司的股权激励出现激增，其中股票期权的增加尤为显著。21世纪初，随着监管法规的变化，股票期权逐渐被限制性股票所代替。

在过去30年中，中国成功地从计划经济为主转向以市场经济为主，并很好地融入世界金融市场中。与美国等西方发达国家相比，中国的股权激励制度起步较晚，相关的法规也在不断完善之中。这些年来，我国上市公司经历了公司治理的大幅提升，采用了很多有助于公司经营的西方监督机制，中国监管者和公司进行很多协调努力，以便使会计和公司治理实践、法律标准追上发达资本市场。然而，中国仍存在很多制度和文化因素，这些因素使我们对中国股权激励实践及其影响的研究结论不同于前期美国等国家的研究。

本章先对以美国为主的西方国家实施的股权激励制度的历程进行梳理，然后总结我国股权激励制度的起源和发展经历，并进行中西比较，把握我国股权激励尤其是股票期权激励制度运行的背景、演变过程及方向，为后文的分析奠定制度环境基础。

此外，本书对股权激励制度实施的理论基础展开分析，包括代理理论、管理者权力理论、资源基础理论、信息不对称理论、期望效用理论、前景理论、人力资本理论以及有效市场理论，从理论上分析股权激励发展的动因。

具体结构安排如下：第一节分析管理者股票期权激励的制度背景，包括西方股票期权激励实践的历史变迁和中国企业股权激励制度发展历程。第二节是管理者股权激励制度的理论基础，具体包括八个理论，分别对这些主要理论加以阐述。

第一节 制度背景

一、西方国家股权激励制度的历史变迁

股权激励起源于美国,是美国股份制企业和证券市场逐渐发展的产物,并在一系列监管法规的推动下逐步走向成熟,随后逐渐在其他西方发达国家得到广泛应用[①]。如今各种形式的股权基础薪酬已经成为西方发达国家管理者薪酬中最重要的组成部分。

从20世纪初的初步建立到今天的基本成熟完善,美国的股权激励制度发生了巨大的变化。造成这些变化的原因很多,但其中最主要的驱动力是政府对管理者薪酬实践的干预。也可以这样说,美国公司股权激励实践发展变迁的过程也是政府、企业和社会公众等各方相互博弈的过程。这一发展过程可以分为七个不同的发展阶段。

(一) 美国经济大萧条之前的管理者薪酬

美国管理者薪酬发展的历史与管理者产生和发展的历史是平行的。虽然在1900年以前,美国企业的主体是由业主经营的小企业,但在铁路和钢铁等有较大较复杂公司的行业中出现了一个新阶层——中层管理者。然而,即使这些大点的公司也主要由创立者、创立者的后裔或者大股东个人经营,没有管理者薪酬与公司业绩挂钩的激励方案的需求。

1895~1904年,有接近200家小型制造企业被合并成157个大公司。在很多新公司中,管理责任从所有者转移到管理者身上。这些管理者有技能,但却没有多少股份。在随后的20年里,以公司利润为基础的红利填补了管理者激励的空白。在1928年之前,美国有近2/3的最大的工业公司提供了管理者红利方案。到1929年,在实施红利方案的公司中,红利占管理者薪酬总额的比例达到42%(Baker,1938)。虽然管理者薪酬通常是适度的,但直到20世纪70年代,一直

---

① 美国的股权激励制度最具代表性,因此本书将以美国为例分析西方国家股权激励发展变迁过程。

没出现在数量上超过红利的其他激励性薪酬形式。例如，伯利恒钢铁公司的 CEO 就曾得到 160 万美元的红利。

尽管 CEO 红利日渐增加，但在 20 世纪 20 年代，社会公众对管理者薪酬并没有太大争议。公众的这种漠不关心部分源于管理者个人薪酬没有被公开披露。例如，伯利恒钢铁公司的管理者红利并非主动披露的，而是在一个与薪酬不相关的诉讼中才披露出来的。当时大部分关于管理者薪酬的报告是推测性的，以对公司红利方案的模糊描述为基础，只能估计总的红利，但却无法估计单个人的红利。而且，当时经济很强劲，失业率很低，股东回报很高，这些因素为随后 90 年的高额管理者薪酬提供了一个安全的避风港。

在 1930 年的一个诉讼案中，伯利恒钢铁公司的 CEO 被迫披露他得到了 160 万美元的红利，而 6 个副总裁总共得到了 140 万美元的红利。这次披露适逢大萧条刚刚开始，公众因经济不景气而积压了很多怒火，因此这种高额管理者薪酬迅速引发了很多股东诉讼。股东们要求这些管理者返还从 1911 年开始得到的总计 3650 万美元红利。在同一年，股东也对美国烟草公司提起诉讼，要求烟草公司详细披露股票认购方案，这导致该公司 CEO 从一个允许他以很低折扣购买公司股票的激励方案中获得 120 万美元的事实被披露出来。Wells（2010）总结说，伯利恒钢铁公司和美国烟草公司的披露与由大萧条导致的对公司管理层的厌恶结合在一起，加深了公众对管理者薪酬过高而且是自我交易产物的看法。

（二）20 世纪 30 年代美国大萧条时期管理者的薪酬实践和披露要求

对于股东有权知道支付给上市公司管理者薪酬的细节这件事，现在人们已经习以为常。但最初对于上市公司披露管理者薪酬的要求并非由股东推动的，而是由被管理者薪酬中的过分行为所激怒的推行新政的政客推动的。

1933 年，罗斯福结束了持续 20 年的共和党统治成为总统，开始大力推行新政以便使国家从大萧条中尽快复苏。在 1932 年选举之前，为实施政府重建金融公司的紧急救助贷款方案，美国州际商业委员会要求所有的铁路部门披露每年收入超过 1 万美元的管理者的名字。最终披露出来的管理者薪酬水平之高令人吃惊，这激怒了新政府。1933 年 5 月，州际商业委员会要求铁路公司接受政府协助以便将管理者薪酬减少到原来薪酬水平的 60%。最后，美国上议院授权联邦运输协会对所有铁路部门总裁实施年薪 6 万美元的上限限制，对铁路部门薪酬的强制披露激发了其他监管者的兴趣。到 1933 年年中，美联储开始对银行业管理者薪酬展开类似调查，电力委员会也调查了公用部门管理者的薪酬。1933 年 10 月，联邦贸易委员会要求所有资本和资产过亿的公司披露管理者工资和红利。在1934年证券法实施之后，美国证券交易委员会进一步强化了上市公司对高管薪酬的强制披露责任。1934年10月，美国证券交易委员发布永久性条例，要求上市公司披露前三名高管的姓名和全部薪酬。截至1935年6月之前，不符合新规定的公司证券将被停止交易。根据证券法规定，上市公司需要在年度股东大会通过的年报中对管理者薪酬做详细披露。后来，这些披露出来的薪酬细节经常成为政府和社会公众对管理者薪酬争议的导火索。

美国证券交易委员对高管薪酬的披露要求一直在逐年扩大。第一份报告中只有3~5页用于披露管理者薪酬，到2007年关于薪酬部分的平均描述已经超过70页。从理论上说，阳光是最好的消毒剂，这些披露规则一直是最受美国证券交易委员和国会青睐，是抑制管理者薪酬中胡作非为和过高薪酬水平的手段。实际上，大多数披露要求（包括20世纪70年代对津贴的披露，1993年对股票期权增加的披露要求，2006年对年金精算价值的披露）都是对单个不良行为的政治反应。然而，并没有证据表明，加强的披露会导致目标行为的减少。例如，当管理者知悉其他公司的普遍做法后津贴仍然增加了，在1993年法规实施之后，股票期权出现暴增。虽然直觉上看披露有利于外部股东更好地监督，但也增加了组织的成本。公开披露能有效保证上市公司的管理者合约不是雇员和雇主之间的私人事件，而是受到媒体、工会和其他公司内外政治力量的影响。这些不请自到的客人在公司中没有真正的筹码，所以他们服务于所有的利益相关者，包括客户、债权人、员工等。然而，这些第三方通过税收政策、会计规制、直接立法和其他手段对管理者薪酬的水平和结果产生了重要影响。在确定对管理者薪酬的最优披露数量时，这些重要的但经常被忽略的披露成本和利益（更好的董事会监督）却是很难权衡的。

（三）1950~1969年限制性股票期权的上升和下降

在20世纪20年代，美国的所得税法是新制定的，股票期权的使用也刚刚开始，没有人关注是否应该对股票期权收税。将近20年之后才有人首次开展关于股票期权税务问题的案例研究。1945年，股票期权行权的收益被确认为薪酬，从而成为常规收入。1950年，围绕股票期权的税收问题成为一件很重要的事情。20世纪50年代初期，股票期权激励在美国公司中流行的一个重要原因就是股票期权被当作一种有效的避税手段，因为当时的法律允许对员工股票期权收益按资本利得收税，其税率最高时仅为25%，而同时期的个人所得税税率最高曾达到91%。

  1928~1950年，最高的个人所得税税率从25%上升到91%，最高的公司所得税税率从12%上涨到42%，而资本利得税税率仅从12%上涨到25%。针对1950年税收法案，美国国会创造了一种新型期权，称之为"限制性股票期权"。这种期权不必在行权时纳税，而只需在股票最终出售后才作为资本利得纳税。限制性股票期权解决了期权的纳税时间问题，因为直到股票被出售之前，管理者不需要纳税。考虑到当时的税率，使用限制性股票对于管理者节约纳税额是非常合算的。1950年法案的通过引发了一股使用股票期权薪酬方案的浪潮。1950年，只有大约4%的纽约股票交易所上市公司采纳了对CEO的股票期权方案，到1951年6月翻了两番，达到12%。据Frydman和Saks（2010）统计，持有股票期权的管理者比例从1950年的不到10%上升到1960年的60%。股票期权授予规模也在增长，这些管理者股票期权的授予日价值从占全部薪酬的10%上升到20%。

  在1960年经济衰退期间，由于股票市场价格的下跌，新的期权授予不再受欢迎，很多公司开始考虑对期权重新定价。这种行为引起很多争议，导致国会举行了一系列要求废除对股票期权的有利纳税处理的听证会。最终，1964年税收法案虽然没有取消限制性股票期权的有利纳税地位，但通过一系列限制条件使获取这种有利地位很困难，这减少了限制性股票的吸引力。在1964年的法案中，这些符合新规定的期权被称为有资格的股票期权。此外，1964年法案将高管边际税率从91%下降为70%，这显著降低了股票期权相对于现金薪酬的吸引力。

  符合资格的股票期权的流行始于1964年税法中新规的实施，后来又因1969年税法改革而不再流行。1969年税法将从限制性股票期权和符合资格的股票期权行权中获得的收益作为针对高收入者的可选择最低税的征税范围。另外，1969年的税法将高管个人所得税的边际税率从77%降低到50%，将公司所得税边际税率从52.8%降低到48%，而将高管资本利得的税率从25%提高到36.5%，一旦新的税率全部执行，将大大提高投资者支付给管理者的股票期权薪酬成本。因此，对于处于最高纳税范围内的公司和管理者来说，与不符合资格的股票期权相比，符合资格的股票期权在税收上变得不再具备优势。事实上，Hite和Long（1982）证明，1969年法案能解释20世纪70年代从符合资格的股票期权向不符合资格的股票期权的戏剧性转换。在长期激励方案中居统治地位20年的限制性股票期权和符合资格的股票期权实际上消失了。

(四) 1970~1982年政府对工资的控制

1971年,为控制通货膨胀,尼克松总统进行了一次不成功的尝试,实施了90天的商品价格和工资冻结,国会对管理者薪酬实施5.5%上涨幅度的限制。这并不是第一次通过立法限制管理者薪酬水平,"二战"期间也曾冻结过工资,但这是第一次在和平时代实施这种限制。

在尼克松控制法案下,非限制性股票期权被看作是工资和薪金,被按照基础股票市场价值的25%来估值,这种估值方法留下了一个有趣的历史烙印,因为这发生在布莱克—斯科尔斯期权估值方法出现之前的一年。尽管政府试图维持对管理者工资的限制,工资—价格控制法案仍终止于1974年3月。虽然CEO的名义薪酬在工资控制取消后发生了显著上升。然而,1964~1982年,由于调整通货膨胀的因素,CEO的实际薪酬仅仅上升23%,每年仅上涨约1.2%,股票期权在1964年平均占CEO薪酬总额的2%。到1981年,仅增加到12%。而且,在1981~1982年经济衰退期间,CEO薪酬水平和股票期权的使用又下降了。

产生于1950年和1964年税收法案中的限制性股票期权和符合资格的股票期权并没有被正式当作薪酬来考虑,因而公司没有将这些期权记录为费用。实际上直到2004年之前,会计准则都允许符合条件的股票期权不计入费用,使用股票期权大大降低了公司的财务报告成本。20世纪70年代向非符合资格股票期权的转换产生了一个新的问题:应该如何在公司所得税报告中考虑股票期权费用? 1972年10月,美国会计原则委员会提出一种针对员工股票期权的会计处理方法,规定与期权相关的薪酬费用被定义为首次确定了期权授予数量之日的股票价格和行权价格之间的差额,并要求公司将这些股票期权费用在员工被允许行权之前的期间内摊销。在这种规定下,当行权价等于授予日市场价格时,就不会产生期权费用。这种期权会计处理方法巩固了传统股票期权的优势地位,使5~10年的行权价等于授予日市场价格的期权更受欢迎。公司不再愿意尝试其他形式的新颖的股票期权,比如指数型股票期权,因为这些新型股票期权会产生期权费用。

(五) 1983~1992年公司控制权市场争夺对激励性薪酬方案的影响

20世纪70年代的管理者薪酬实践几乎不能激励管理者减少资金浪费、追求价值创造。股权基础薪酬仅占CEO薪酬的一小部分,股票期权经常处于到期没什么价值的状态,年度红利是激励性薪酬的主题,却使CEO仅关注于目标的达成,而不是增加公司长期价值。因不良业绩导致的终止职务几乎不存在,因为

CEO 缺口大部分是由企业内部的在职者填补,并没有从外面雇来的人参与聘任,内部 CEO 不需要面对有力的竞争者。劳动力市场在规制不良业绩上同样没有效率。董事会通常由内部人控制,只要公司能体现正的名义利润,几乎没有理由减少公司的浪费。然而,提高业绩和吐出现金的压力最终由资本市场引入,因为这时候出现了很多恶意收购的专家,他们专门寻找业绩不佳的公司加以收购。当时,收购专家被轻蔑地称之为公司入侵者,但历史最终证明他们是通过将资源重新分配来创造股东价值的正面力量。作为对被收购威胁的反应,股东财富被创造出来了,比如公司不得不花费现金回购股份,或购买竞争者,这样客观上减少了企业资金浪费。为对付敌意收购,管理者发明了一系列创新手段,最声名狼藉的创新是"金色降落伞",它直接在控制权变更后向管理者提供薪资以保护这些管理者的利益。在大多数情况下,"金色降落伞"的支付要求包括控制权变化和失去工作。在其他情况下,控制权的变更就足够启动这种支付。为减少"金色降落伞"计划,国会颁布了 Section280(G)。尽管 Section280(G)减少了"金色降落伞"方案的支付力度,这种类似的治理行动似乎也增加了股票期权的提早行权以及限制性股票和股票期权授予期限的缩短。这些都降低了激励性薪酬对 CEO 和其他管理者的激励效果,并增加了这些方案对于公司的成本。

公司控制权市场对美国股票市场有显著的影响。在将近 20 年的停滞不前之后,道琼斯指数由 1982 年的 800 上涨到 1987 年的 2700。从收购中学到的财富创造唤起了股东的共鸣。1985 年,Robert Monks 成立了一个股东服务机构专门帮助机构股东提供代理投票。1986 年,Boone Pickens 成立了美国股东联合会,其宗旨之一就是关注公司治理和管理者薪酬。越来越多的支持股东积极主义的学者也主张,仅关注公司规模、稳定性和会计利润的传统的管理者激励会破坏而不是创造价值,并提议通过增加股票期权和其他形式的股权基础激励将管理者薪酬与公司价值更紧密地捆绑在一起。这些压力逐渐开始产生影响,非股权基础的 CEO 薪酬在 20 世纪 80 年代中期下降为仅占 CEO 全部薪酬的一小部分。股票期权再次成为激励性薪酬的主体。据统计(Murphy,2013),1983~1991 年,美国标准普尔 500 公司 CEO 薪酬的中位数平均每年增加了 4.3%,到 1992 年管理者薪酬的中位数已经翻了一番,这种增加主要是由股票期权授予的增加造成的,1992 年,股票期权薪酬几乎占据了管理者全部薪酬的一半。

在此期间,另一种股权激励方式——股票增值权一度兴起,后来又衰落了。按照 1934 年的证券法,若持有期限不到 6 个月就卖出公司股份,管理者必须返还获得的利润。这种 6 个月的持有期限对于不符合资格的股票期权特别不利,因为管理者被要求在行权当日支付个人所得税。1976 年，美国证券交易委员会正式豁免对股票增值权的短期利润限制。类似股票期权，股票增值权也有事先确定的期限，但管理者可以提前行使股票增值权。在新规定之后，管理者可以不必受制于 6 个月的持有规定，因而股票增值权的使用一度上升。到了 1991 年，美国证券交易委员会规定 6 个月的持有期限由期权行权开始计算，这就使股票增值权的相对优势消失了，因而股票增值权这种激励方式也逐渐减少。

（六）1993~2001 年股票期权的激增

在 20 世纪 90 年代早期，股票期权和以会计利润为基础的红利大约各占 CEO 激励性薪酬的一半。在 20 世纪 90 年代，美国公司授予 CEO 的股票期权激增了 3 倍多。1996 年，股票期权成为标准普尔 500 公司 CEO 薪酬中最大的组成部分，在小公司尤其是高科技初创企业中，股票期权的使用更加普遍。从 1992~2001 年，由于股票期权的广泛使用，标准普尔 500 公司的 CEO 薪酬中位数增加到原先的 3 倍，CEO 股票期权薪酬占总薪酬的比例从 1992 年的 22% 上升到 2001 年的 55%，每年平均增加幅度为 15.7%。2001 年，在典型的标准普尔 500 公司 CEO 薪酬的中位数是 569.5 万美元，但其中 74% 是股票期权（以 Black – schole 期权定价模型为基础）和公司股票。而在 1991~2001 年 CEO 薪酬的增加主要是源于对 CEO 的股票期权授予价值的增加。Hall 和 Murphy（2002）指出，如不考虑股票市场的下跌因素，21 世纪初这个比例还在进一步增加。

股票期权的增加不能用单一因素来解释，Murphy（2013）认为是多个因素共同作用助长了股票期权的激增，包括股东对于使用股权基础薪酬的压力、美国证券交易委员会对持股期限的规定、克林顿的 100 万美元抵扣上限规定、美国证券交易委员会的披露规则、期权会计处理规定以及纳斯达克对上市公司的要求等。

1. 股东对于使用股权基础薪酬的压力的影响

在 20 世纪 80 年代，包括很多养老基金在内的股东积极主义者都要求增加 CEO 薪酬和股东回报之间的联系。学者们也加入股东积极主义者阵营，如 Jensen 和 Murphy（1990）主张："支付多少不重要，如何支付才重要。"他们认为，大公司像官僚机构一样对 CEO 支付薪酬，CEO 主要因为公司规模的增加而被支付薪酬，他们得到业绩回报很小，对其不良业绩的惩罚甚至更小，薪酬中的红利也很少变动。他们的结论是薪酬委员会和董事会应该主要关注高管薪酬提供的激励而不是薪酬水平。股东积极主义者都倡议使用更多的股票所有权并更广泛地使用股票期权。

2. 美国证券交易委员会对持股期限规定的影响

在 1991 年 3 月以前，美国证券交易委员将期权行权定义为一种股票购买行为，并且规定，可在交易完成月份之后 10 日内由公司内部人对外报告这种交易。1991 年 3 月 1 日，为了应对公众对于增加股票期权授予透明性的需求，美国证券交易委员将管理者期权的获得日而不是行权日定义为可以报告的购买股票期权的时间起点。这种变化的结果是，美国证券交易委员的 6 个月持有期要求变为在期权授予日后开始计算，而不是从期权行权日后开始计算。因此，只要在授予日 6 个月之后对股票期权行权，管理者就不用立即出售股票。从股票期权接受者角度看，这个规定显著增加了期权的价值。

3. 克林顿 100 万美元可抵扣上限的影响

1992 年，公众对 CEO 薪酬的争议成为一个重要的政治议题。在 1992 年选举后，克林顿许诺将 100 万美元以上的薪酬定义为不合理的薪酬，不允许抵扣超过这个水平的薪酬，从而结束公司从过度管理者薪酬中得到的无限制的纳税抵扣。对于抵扣损失的关注导致 1992 年底之前股票期权行权的激增，1992 年大投资银行也加速了红利的支付。

1993 年 2 月，克林顿改变了对所有高于 100 万美元薪酬都不允许抵扣主意，提议如果公司薪酬能满足联邦对于管理者提高公司生产率的标准，则可以豁免。1993 年 4 月，更加温和的细则 Section162（m）出台，但该细则仅适用于上市公司，更重要的是这个细则不适用于业绩基础的薪酬。实际上，Section162（m）的目标并非增加税收，而是降低 CEO 的薪酬水平。但该细则并没有达到目的，其结果反而是 CEO 薪酬的大幅增加。由于与股票期权有关的薪酬通常被认为是业绩基础薪酬，因而是可抵扣的，Section162（m）实际上鼓励上市公司授予管理者更多股票期权。

4. 期权会计处理规定变化的影响

1972 年，美国会计原则委员会颁布期权 25 号准则，将股票期权的会计费用规定为授予日市场价和行权价的差额。这导致很多公司将行权价确定为授予日市场价，从而不需要确认期权费用。

1986 年，美国财务会计准则委员会建议以公允价值为基础确认股票期权的会计费用。1993年，财务会计准则委员会发布正式的倡议，要求以公允价值确认期权的会计费用，但引起大量批评和反对。1995年，财务会计准则委员会发布了一个折中的方案——FAS123，推荐但不强制要求公司将股票期权按公允市场价值计入会计费用。虽然财务会计准则委员会允许公司继续根据美国会计原则委员会的期权25号准则报告股票期权费用，但它增加了在财务报告脚注中披露期权授予价值的要求。刚开始仅有少数公司遵循了财务会计准则委员会推荐的方法。直到21世纪早期的会计丑闻爆发，为消除公众的疑虑，大量公司才开始自愿对其期权授予费用化。这种会计处理造成一种错误的认识，认为股票期权授予不会给公司带来成本。这种看法是错误的，因为授予期权的经济或机会成本是公司在公开市场上出售而不是将期权给予员工所能得到的金额。股票期权对于缺乏现金的新兴公司尤其有吸引力，因为期权可以让他们不花费现金就能补偿员工。实际上，股票期权还可以为公司产生现金，因为股票期权行权时公司会收到行权价格，而且公司还可以在税前抵扣市场价和行权价之间的差额。会计和税法的差异为实施股票期权的公司提供了最好的待遇：公司账面上不需计入会计费用，但却可以得到大量的税收抵扣。这也是很多公司采用股票期权方案作为一种激励性薪酬方案的一个重要原因。

5. 美国证券交易委员会披露规则的影响

围绕1992年美国证券交易委员会的披露规则，最主要的争论是是否应该披露期权的价值。美国证券交易委员会想要上市公司披露期权授予的全部成本，但遭到强烈反对，最后，证券交易委员会只好做出妥协，允许上市公司只披露期权授予的数量，而不需披露成本。对数量而不是成本的关注有助于解释管理者薪酬文献中的难题：标准普尔500指数和平均期权授予日期的近乎完美的相关性。虽然非股权薪酬几乎与股票市场的业绩弱相关，全部薪酬却几乎完全相关。如果薪酬委员会关注期权的授予日成本，那么我们可以预计当股价上涨时，期权授予数量会下降，就不会发现平均薪酬与平均市场回报的系统相关性。

6. 纽约证券交易所的分类清单规则的影响

另一个对股票期权爆发有贡献的因素是1998年纽约证券交易所的分类清单规则。在这个清单规则下，公司对高管实施股票期权方案需要股东同意，但是不需要股东批准广泛基础的期权方案。虽然美国证券交易委员会没有清晰认定什么是广泛基础的期权方案，通常的理解是股票或期权授予是针对管理层以下人员。许多观察者认为新规定可能打开股票期权授予的闸门，因为公司为避免股东投票可以将其针对管理者的授予方案变成两个新的授予方案并扩大授予范围。由于遇到大量批评，1999年约证券交易所修订了分类清单要求。新规定出台之时正逢公司面临对高管授予股权薪酬多而对员工授予股权薪酬低的政治压力。一些国会提案建议鼓励广泛基础的股票期权，同时员工也要求广泛基础的期权，结果期权授予的数量和成本都大幅上升了。

（七）2002年以后股票期权的下降和限制性股票的上升

21世纪的最初10年，CEO薪酬中发生一些重要变化。CEO薪酬的中位数显著下降，这种减少主要反映了期权授予日价值的实质性下降和标准普尔500公司的行业组成的变化。据Murphy（2013）统计，截至2011年，CEO股票期权仅占全部薪酬的21%。而且，伴随着股票期权授予的下降，股票授予反而增加了。这些股票授予包括传统的限制性股票（仅需满足时间要求就授予）和业绩股份（以业绩为授予的基础）。

20世纪90年代股票期权激增了3倍多之后，在21世纪早期，标准普尔500公司的CEO全部薪酬的中位数出现停滞不前的趋势，甚至在2008~2009年大衰退期间实际上是下降的。但是，薪酬水平的扁平化掩饰了薪酬组成结构的变化，因为美国公司为了适应新规则，放弃股票期权，转而支持限制性股票。因而，在2003年以后，在标准普尔500公司CEO全部薪酬的中位数相对停滞不前的同时，美国公司的股权激励出现一种从股票期权薪酬向限制性股票转移的明显趋势。从2003年开始，限制性股票的授予开始上升，而股票期权的授予从2001年就开始急剧下降，到2004年以后，限制性股票已经超过股票期权。

对管理者薪酬中股票期权减少和限制性股票增加趋势的一个解释是，自从21世纪早期，股票市场随着互联网泡沫的破裂和2001年对世贸中心的恐怖袭击而暴跌。特别是在21世纪早期股票价格的全面下跌留下很多未行权的股票期权，降低了管理者对其公司未来股票价格上涨的预期。实际上，包括微软在内的许多公司都被取消了当期未兑付期权，并替换成限制性股票。当对未来公司业绩预期很低时，管理者当然更喜欢限制性股票。实际上，当股票市场处于上行趋势中时，股票期权总是会变得更加流行，而当市场下行时，就会变得不那么受欢迎。

这种趋势的另一个原因也与美国公司在21世纪早期爆发的会计丑闻有关。21世纪早期，美国公司爆发了大量会计丑闻，导致很多大公司名誉受损。比如安然公司、世通公司、奎斯特公司等。这引发了对上市公司披露质量的关注。在这些丑闻爆发后，美国国会于2002年6月迅速通过了萨班斯法案。该法案设置和扩大了针对会计公司、审计人员和上市公司董事会的标准。虽然该法案主要关注的是会计违规而不是薪酬,但国会并不能拒绝使用新法规管制管理者薪酬的诱惑,萨班斯法案中也包括一些直接针对管理者薪酬的规定。首先,萨班斯法案禁止对管理者或董事提供任何个人贷款,而在法案之前,公司会定期向管理者提供贷款以便购买股票。因此,观察者认为萨班斯法案阻止了公司维持没有现金的行权方案。萨班斯法案还要求发生会计重述的公司高管返还之前销售公司股票而得到的利润,另外,萨班斯法案还要求管理者在两个工作日内披露新授予的期权,而以前是授予月份之后10个工作日。这些规定都增加了公司报告中与管理者股票期权有关的会计报告费用压力。

2004年11月,美国财务会计准则委员会宣布将FAS123R作为对FAS123的修订,要求美国公司在股票期权授予时确认会计费用,FAS123R于2005年6月生效。除了要求将所有的期权授予费用化之外,FAS123R还要求公司在股票期权可行权之前就记录股票期权授予的费用。为避免那些尚未偿付的股票期权产生会计费用,很多公司加快了对现存股票期权的授予,以至于到2005年,所有的股票期权都已经是可行权期权。根据FAS123R的规定,股票期权费用与股票的费用类似,公司必须确认等于股票期权授予日价值的会计费用,并在股票期权可行权之前将其摊销。大量公司扔掉了股票期权,转而使用限制性股票以便适应新的法规。Brown和Lee(2007)以及Carter、Lynch和Tuna(2007)指出,在SFAS No. 123R强制要求股权薪酬费用化之前,出于财务报告动机,公司可能更愿意使用股票期权,而不愿意使用限制性股票。因而,2003年以后限制性股票的增长可以部分归咎于SFAS No. 123R实施后股票期权财务报告成本的大幅增加。结果,公司减少了对高管的股票期权授予数量,扩大了对限制性股票的使用。这种趋势一直延续至今。

Aboody和Kasznik(2008)发现的证据表明,除了财务报告动机之外,个人所得税也是管理者薪酬中限制性股票取代股票期权的重要原因。尤其是,由于限制性股票是股利保护的,管理者有动机增加对股东的股利支付,这与2003年红利税率的下降正好巧合。与Aboody和Kasznik(2008)的发现相同,Murphy(2013)也发现限制性股票的相对增加正好始于2003年,此时是在FASBS通过FAS No. 123R之前,这也意味着其他因素可能对公司股权激励向限制性股票的转移有贡献。

2008年,爆发的金融危机引起了社会公众对金融服务公司管理者薪酬政策的不满,人们普遍认为这些薪酬政策是金融危机的一个导火索。这种怀疑最终扩大到金融部门之外的公司的薪酬政策。2009年12月,美国证券交易委员会开始要求所有的上市公司披露和讨论可能激励管理者过度风险承担的薪酬政策和实践。这些过度风险承担是指承担可能对公司产生重大负面影响的风险。由于在2009年接近市场底部授予的股票和期权到了可以授予或行权的时间，21世纪第二个十年高管已经变现的薪酬又出现新的激增。因此，公众的争议一直没有平息。最近几年出现的占领华尔街运动以及美国政府对百万和亿万富翁增税的呼吁就是这种公众对高管薪酬的不满表现。可以预见，对高管薪酬的愤怒可能在今后很长时间内都不会减弱。

  从前文叙述可知，政府介入是影响美国高管薪酬在过去几十年中变化趋势的主要驱动力，所以不能离开政治因素去解释美国管理者薪酬实践。政府对薪酬的政治干预主要有两种模式。第一种模式可描述为对个别薪酬实践中的不良行为的自动反应，这导致一刀切性的规定和大量意外和不良的后果。第二种模式可以描述为民粹派或阶级斗争，产生于CEO和其他高管变得更加富有而底层劳动者却生活相对困苦时。除了这两种模式外，以会计规则、证券法、广泛的税收政策和清单要求等形式的非直接干预也对CEO薪酬水平和组成造成直接影响。将第二种模式称为"阶级斗争"有些过于简单化，美国人已经对产生于超常努力、观点和能力之外的收入不平等非常宽容。正如管理者权力论所指出的，公众愤怒的原因是观察到管理者薪酬的扭曲，薪酬设计并不是促进生产力的原因和结果，薪酬合约并不是在管理者服务的竞争性市场环境下设计的。在这种情况下对于管理层财富的攻击引发了20世纪30年代的披露规则、20世纪90年代早期对CEO薪酬中纳税抵扣额的批评以及2010年的多德—弗兰克法案中大量的关于薪酬的条例。实际上，对管理者过高水平薪酬的批评和调节在美国已经有将近一个世纪的历史了。例如1932年，围绕被保释的铁路管理者的高额薪酬的争议导致了薪酬披露和薪酬上限的限制，这种披露迅速扩展到银行、公用事业和大公司，在1933年和1934年证券法之后，又进一步扩展到所有的上市公司。在21世纪60年代，对受限的股票期权方案中过分行为的愤怒导致国会禁止重新定价，减少届满期限最大值，限制行权价格，延伸行权后所要求的持有期间。在20世纪80年代，国会对控制权变更后支付大额离职金的公司（和接受的管理者）施加了大额税收罚款，在20世纪90年代，非业绩基础薪酬超过100万美元被视作是不合理的，从而不能在公司所得税前作为常规费用扣除。

  政府对管理者薪酬的干预是分析管理者薪酬实践的一个重要维度，因为政府的利益显著不同于股东、董事和管理者。尤其是，国会（更一般地，公众）对管理者薪酬的愤怒总是由其察觉到的薪酬水平触发，却不考虑薪酬所能提供的激励和公司业绩之间是否有关，并且政府监管部门对于公众愤怒地回应也限定于薪酬水平上，虽然这种回应经常不能达到预期效果，但这些监管部门仍乐此不疲。

受到会计欺诈和期权倒填日期丑闻的震动，伴随着对华尔街红利导致的过度风险承担引起金融危机的怀疑，21世纪初，与会计和倒填日期以及金融危机相联系的对管理者薪酬的强烈抵制继续批判高管过度薪酬和滥用的传统，这些强烈抵制促使政府又制定了一系列阻止管理者薪酬滥用的法律、税务、会计和披露规则，例如，萨班斯—奥克斯法规、一系列新的披露和会计规则、对延期补偿的限制、多德—弗兰克法案下各种新的薪酬规则等。

总之，股票期权在美国的最初流行是20世纪50年代政府政策的直接结果，19世纪90年代到21世纪初的股票期权的激增及随后下降的原因也与政府的法规变化有直接关系。除了经济危机导致的资本市场低迷之外，当前西方国家股票期权不再流行的主要原因也是税收法规、期权费用化和期权信息披露制度的改革。美国股权激励制度的变更离不开政府力量的影响，这也为我国健全股权激励制度提供了启示。我国的股权激励制度是企业在实践中逐步探索和政府制定相关配套法规共同作用的结果，但我国政府对股权激励法规的建设仍处于起步阶段，尚不能像美国政府那样及时制定针对性的法规以纠正股权激励执行过程中的不轨行为。因此，应进一步发挥政府在股权激励制度建设中的影响，及时呼应企业和社会公众的需求，建立一个公平公正而高效的管理者股权激励制度。

二、中国企业股权激励制度发展历程

虽然股权激励成为美国薪酬的主体已经超过半个世纪，但在中国使用股权激励的历史并不久。与西方发达国家相比，我国企业的股权激励制度起步较晚，仅有不到30年的历史。我国企业的股权激励实践始于20世纪90年代，我国国有企业开始实施股份制改造，出现了内部职工股，这是一种可归属于限制性股票的激励形式。随后国家相关部门对内部职工股的发行方式和发行范围做出明确规定。但由于全国范围内出现大量超范围和超比例发行内部职工股的现象，1994年国务院紧急叫停了内部职工股，此后又出现另一种内部职工持股形式——公司职工股，但公司职工股制度也仅仅延续到1998年，便被职工持股会所取代。到2000年12月，中国证监会明确禁止通过职工持股会和工会持有公司股票。至此，职工持股会这种职工持股激励模式也被迫取消了。这些最早的股权激励形式具有普遍的福利型，激励对象是企业的一般员工，实际上是国有企业改制的产物。2000年以后，开始出现针对管理者和核心技术人员的更具有激励性质的股权激励制度，此时出现了一些激励形式上的创新。例如上海贝岭、中国石化等公司开始尝试实施股票增值权，三木集团、佛山照明等公司实施了业绩股票，另外还有一些公司实施管理层收购、高管持股等股权激励改革。但在2006年之前，相关法律法规仍存在一些与股权激励制度相矛盾的限制，例如2006年以前，《中华人民共和国公司法》（以下简称《公司法》）明文规定，公司回购股票只能注销，而不允许作为激励股份来源，另外《公司法》也不允许高管出售个人持有的所任职公司的股票。同时，股权分置改革后，非流通股与流通股存在的同股不同价问题也抑制了股权激励制度的发展。因此，当时的股权激励实践推进得并不顺畅，很多公司的股权激励计划都被迫中止了。

到2005年底，在股权分置改革的背景下，证监会颁布了《上市公司股权激励管理办法》。2006~2008年，国资委和财政部共同签发了《国有控股上市公司（境内）实施股权激励试行办法》和《关于规范国有控股上市公司实施股权激励制度有关问题的通知》等一系列法规以规范国有控股上市公司的股权激励。随后，证监会又发布了3个股权激励相关事项备忘录和2个监管问答等补充文件。至此，上市公司实施股权激励的基本条件、实施程序、备案标准和信息披露的具体要求得以逐步完善。到2016年，证监会又重新颁布了《上市公司股权激励管理办法》，该办法于2016年8月13日起施行，并将以前的《上市公司股权激励管理办法（试行）》、备忘录、监管问答等予以废止，我国的股权激励监管制度进一步成熟。这一系列法规和文件的不断完善为我国公司实施股权激励制度提供了制度保障。

我国上市公司实施股票期权激励始于2006年。自从2006年5月中捷股份成为我国第一家推出股票期权计划的上市公司后，股票期权激励在我国上市公司得到了迅猛发展。实施股权激励的上市公司从2006年的十几家开始逐年增加，到2016年底，上市公司总共发布了685份股票期权激励方案，虽然其中有200多份没有最终实施，但是股票期权激励已经成为仅次于限制性股票的重要激励形式（在同一期间，顺利实施的限制性股票激励方案共有991份）。

我国上市公司主要实施三种形式的股权激励制度，其中最常用的两种激励方式是限制性股票和股票期权。在我国上市公司中，随着近些年股票和期权形式的权益薪酬的迅猛增长，薪酬结构对管理者风险承担的实际影响越来越大。这种增长的一个效果是管理者财富对股票价格变动的敏感性有了很大增加。我国上市公司股权激励的迅猛发展也使得股权激励成为学术界、媒体、政府和社会公众普遍关注的重要问题。

虽然我国会计制度要求对期权费用化处理，但我国资本市场却没有因此而放弃股票期权激励制度，对这种状况的一种解释是，由于监管的缺失、资本市场的低效以及公司治理的不完备，我国上市公司的股票期权激励同时兼具"激励性"和"福利性"双重特征（白庆辉，2012；吕长江和赵宇恒，2008；吕长江、郑慧莲和严明珠等，2009）。

同国外的股票期权制度一样，我国实施的股票期权激励方案中也有几个关键的时间安排，包括授予日、可行权日、行权日和等待期。其中：授予日是指股东大会批准股票期权方案的日期。可行权日是满足了行权条件后，管理者获得了股票期权并可以对股票期权行权的日期。行权日是指管理者实际行权的日期。等待期，是指授予股票期权后，行权条件得到满足的期间。股权激励从授予日开始正式实施，进入股票期权等待期或限制性股票的禁售期，激励对象等待行权或解锁。等待期或禁售期结束后，股权激励便可行权。从第一个可行权日开始，如果公司业绩满足行权解锁条件，激励对象就可以申请行使权利；如果业绩条件不满足，该期股票期权将被取消，获授的限制性股票由公司回购。

另外，与国外股票期权激励制定相比，我国公司实施的股权激励还存在以下特点：

1. 审批和行权标准不同

股票期权分为两类，一类是没有业绩要求的传统股票期权，另一类是有满足一定业绩要求才可以行权的业绩型股票期权。传统股票期权激励下，股票价格的波动直接决定了期权接受者的收益。因此，激励对象可以通过操纵股价获得收益。而业绩型股票期权则增加了激励对象操纵的难度，即使股票市场价格超过了合同中约定的行权价，激励对象也得满足业绩条件，否则是不允许他们行权的。

为避免传统股票期权的缺陷，我国监管部门规定我国上市公司只能实施业绩型股票期权，这就要求激励对象达到一定的业绩标准方可行权。根据《上市公司股权激励管理办法》，若管理者未满足行权条件，则当前股票期权将被迫终止行权，而且该股票期权也不允许递延至下期，上市公司需注销该期权。但国外很多公司实施的期权并不是业绩型期权，只要被激励对象满足一定的服务期限，则可以行权。

在设计股权激励制度时，我国监管机构规定了一系列审批手续，并强制要求上市公司采用业绩型股权激励，股票期权的行权或限制性股票的解锁都以绩效满足设定条件为前提。上市公司在实施股权激励之前需要经过主要股东的同意，国有上市公司还需要经过国资监管部门的批准。股权激励草案由董事会薪酬与考核委员会拟定，董事会审议通过后公告股权激励草案，提交证监会进行合规性审核。证监会如未提出异议，则可提交股东大会投票，否则还需提出修改方案。股东大会通过股权激励计划后，董事会就可确定授予日。

综上所述，我国对股票期权的审批和行权要求比较高。

2. 有效期不同

国内股权激励的激励期限通常比较短，例如股票期权有效期的均值在4~5年，但美国公司实施的股票期方案的有效期均值是10年（Murphy，2013），国内股权这种较短的有效期有可能影响股票期权的长期激励效果。

3. 股票来源和行权方式不同

2005年颁布的《上市公司股权激励管理办法》规定，我国上市公司的股票期权都要求激励对象分期行权。每一期的时限应在12个月（含12个月）以上。后一个行权期的起算日应在前一行权期的届满日之后，并且要求每期行权比例控制在管理者获授股票期权总额的50%（含50%）以内。我国监管部门也对股票期权的股票来源进行了详细的规定。根据法规要求，中国股票期权制度是由大股东提供或增发时就准备出激励用途的股份，一般放到信托机构代持，可以企业自己成立代持机构，也可以委托代持机构，在等待期满后，根据业绩条件是否满足，决定是否可以行权，若没满足条件，则可以取消行权。

国内绝大部分的行权分3年，少数是2年或4年。但国外公司多数是分批授予的，对于股票来源也没有详细法律规定。

4. 定价原则不同

在实务上，我国绝大部分上市公司使用股票期权定价模型计算期权价值，同时这些公司在定价时还需要遵循相关法规的规定。为避免管理者操纵行权价格，2005年和2016年的《上市公司股权激励管理办法》都对股票期权的行权价格下限做出规定。如2005年规定，股票期权的行权价格不得低于标的股票在激励计划草案公布前一个交易日的收盘价和前30个交易日的平均收盘价。2016年修订后的管理办法对行权价格的规定更加严格，规定行权价格不低于前1个、20个、60个、120个交易日的均价。

国外的规定通常没有这么细致，在实践中企业通常以方案公布时的市场价格为基础确定行权价格。

5. 激励力度不同

为防止国有资产流失，我国证监会于 2006 年 9 月颁布了《国有控股上市公司（境内）实施股权激励试行办法》，对国有上市公司股权激励的力度做出规定。该办法要求，国有控股上市公司股权激励方案中每次授予股权总量控制在公司总股本的 0.1%～10%，全部激励方案累计授予股票数量不得超过总股本的 10%，并要求首次授予的股权数量不得超过 1%。另外，该办法还规定，除非股东大会特别批准，任何一位激励对象所获得的全部激励股份累计不得超过该公司总股本的 1%。另外还规定高管个人股权激励预期收益水平要限制在其薪酬总额的 30% 以内。这些规定虽然不是针对非上市公司，但也起到了示范效应，实际上据笔者统计，截至 2017 年 9 月 27 日，我国 A 股上市公司授予所有管理者的激励股份（包括股票、期权和股票增值权）总数仅占全部股本百分比的均值为 2.43%，高管在其中占比更小。但国外实施的股票期权并没有法律上的比例限制，在高峰时期，美国 CEO 薪酬中的股票期权占比曾达到 70% 以上。而我国股票期权在薪酬中占比并不大。从本书研究期间的样本看，样本公司全部管理者股票期权年末均值是 8.75 万元，中位数是 5.48 万元，而同时期高管薪酬总额均值是 753.87 万元，中位数是 492.51 万元，占高管薪酬总额的比率还不到 2%。即使扣除管理者中的中低层管理者，高管期权薪酬占薪酬总额的比率也不会太高。因此，我国对管理者实施股权激励的力度还有很大的提升空间。

6. 政府和民众对企业激励实践施加影响的方式不同

在美国，国会偶尔也会试图限制工资的增长。例如，1942 年的第二次世界大战中的紧急经济稳定法案对普通管理者的工资，1971 年尼克松工资——物价管制对管理者薪酬增长实行 5.5% 的限制。国会偶尔对个人的薪酬成分施加限制，例如萨班斯法案禁止公司为管理者购买激励股份提供贷款，以及在爆发金融危机后，国会直接规定在问题资产救助计划下接受援助的金融公司薪酬的水平和结构。但美国国会主要通过对税务法规和披露要求来间接对高管薪酬进行控制。通过税务法规，包括个人和公司税率、惩罚性征税，定义什么薪酬是合理的，从而可被公司扣除，并且通常使用税收规定管制薪酬。此外，国会间接控制披露要求（通过它对 SEC 的影响），渴望用于控制薪酬滥用的中意工具。虽然国会的努力得到了美国普通民众的支持，但这些管制规定效率却很低（Murphy，2013）。

在我国，社会公众主要靠媒体力量对管理者薪酬发表意见，但这种影响力是很有限的。对于我国管理者股权薪酬和其他薪酬的管理主要还是依靠政府的力量，我国政府主要依靠一些行政法规对国有企业高管的薪酬及其成分进行一些规定，例如人力资源和社会保障部等 6 部门曾于 2009 年联合出台了针对央企高管的"限薪令"，规定高管年薪应限制在 60 万元左右。另外如前所述，证监会也对国有上市公司股权激励的力度做出规定。但对于民营企业的高管薪酬及其组成，我国政府很少直接干预。我国的税收法规建设相对滞后，针对个人薪酬的税法变动很缓慢，经常不能适应薪酬制度发展的实践，更难以用这些税收法规来对管理者的薪酬水平和组成做出调整。在披露制度上，我国对管理者薪酬实践披露要求也比较粗糙，监管力度也不大，所以这些间接的管理手段我国政府并不得心应手，还需要向美国等国家学习。

第二节 理论基础

一、代理理论

代理理论由代理成本理论和委托—代理理论组成。代理成本理论由 Jensen 和 Meckling（1976）在团队生产理论基础上发展而来。委托—代理理论的创始人包括 Ross（1973）、Mirrlees（1976）、Grossman 和 Hart（1986）等，该理论是过去 30 年中发展起来的最重要的契约理论。委托—代理理论与代理成本理论的主要区别在于，它的所有结论都来源于模型推导，并且在实际观察到的合约现状推动下不断改进其理论预期。委托—代理理论的前提假设是委托人和代理人之间的契约关系是外生的，在此前提假设下，委托—代理理论文献的主要目的是讨论如何设计委托人与代理人之间的激励合约。

Jensen 和 Meckling（1976）将代理关系定义为一种契约，根据这些契约，委托方将与工作相关的一些决定权授予代理人，要求代理人代表委托人去完成这些工作。如果公司由拥有全部股份的股东亲自管理，他将执行能保证其效用最大化的决策，这些决策不仅涉及金钱收益，还包括因企业经营活动而产生的各种非金钱方面的效用，比如从其他各方获取的尊敬、友谊、社会地位等，但此时并不存在代理问题。当企业由仅持有部分股份的代理人经营时，就会产生因管理者和外部股东之间利益分歧而导致的代理成本。只要管理者不是公司唯一的所有者，他们对任何超出最优水平的额外消费就仅需承担部分成本，根据管理者个人效用最大化原则做出的决策都会导致企业发生超过最优水平的额外支出。

代理理论进一步指出，在管理者和外部股东之间，滥用公司资源并非唯一或最重要的代理冲突。有可能最重要的冲突来自于如下事实：当管理者持有的股份很少时，他投身于创造性活动（比如从事更赚钱的商业冒险）的动机会下降。实际上管理者可能会避免各类商业冒险，却仅仅因为这需要管理者工作更努力或学习更多新技术。这些个人努力成本以及与之相伴的焦虑也会削弱管理者的在职效用，为避免这些在职效用损失，管理者会放弃一些有风险的项目，这将导致公司价值大幅降低。这类问题也被代理理论称为风险相关代理问题。

代理理论认为，如果代理关系的双方都是效用最大化者，那么有理由认为代理人的行动不会总是符合委托人的利益需求。也就是说，当合作各方的目标和劳动分工不同时，就会出现代理问题（Jensen 和 Meckling，1976；Ross，1973）。

代理关系中会出现两类重要的代理问题。第一类是委托人和代理人之间的利益协同问题。当委托人和代理人在利益目标上存在冲突，并且委托人很难查明代理人的实际行动或者对代理人的实际行动实施监督的成本非常高时，就会出现这种利益协同问题。第二类问题是风险承担问题。这类问题源于委托人和代理人对待风险的态度不同。由于风险偏好不同，委托人和代理人可能偏爱不同的行动，从而代理人的行动也可能损害股东利益。

代理理论模型建立在委托人和代理人之间存在冲突、对产出的简单度量、代理人比委托人更加厌恶风险等基本假定基础之上。代理理论的核心是权衡测量行动的成本和测量产出的成本，并将风险向代理人转移。委托人可以通过对代理人的激励和监督来限制代理人的越轨行为以及风险厌恶行为。由于分析的单位是支配委托人和代理人之间关系的契约，代理理论关注的是在给定关于人（如自利、有限理性、风险厌恶）、组织（如成员之间存在目标冲突）和信息（如信息是可以购买的商品）的假设后，支配委托—代理关系的最优契约的决定，例如行为导向的契约（如薪酬、层级治理等）是否比结果导向的契约效率更高（如股票期权，财产权利的转移、市场治理等）。

总之，代理理论文献的一个主要关注点是当委托人和代理人合作采取行动但是双方的目标和风险偏好存在差异时，委托人和代理人之间的最优合约、行动和产出的决定。从监管政策等宏观问题，到撒谎、印象管理之类的自利行为等微观现象，代理理论可以应用于各种各样的环境中，但代理理论应用最频繁的领域还是薪酬等组织现象。代理理论是实施股权激励的重要理论基础。代理理论指出，股权激励是解决代理问题的一种有效手段，而且股票期权等凸性激励有助于解决风险相关代理问题。因此，授予管理者股票期权，不仅能将管理者的利益与股东利益捆绑在一起，而且有助于减轻管理者的风险厌恶。

二、管理者权力论

管理者权力理论最早由 Bebchuk、Fried 和 Walker（2002）提出。管理者权力理论认为，管理人员有足够的权力去影响自身的薪酬，他们可以利用其权力操纵薪酬合约，获得过度薪酬，从而会造成股东价值损失。管理者权力的来源是 CEO 具有影响董事会成员和薪酬委员会的能力。该理论承认"公愤"可以限制管理层获取过度薪酬的权力。但管理者有很多方法对过度薪酬加以伪装，如聘请薪酬顾问、参照同行业薪酬等。

管理者权力论说明，股权激励的效果要受到公司治理的影响，若股权激励合约受到管理者的操纵，则股权激励的效果会大打折扣。

三、资源基础理论

资源基础理论是一种重要的企业战略管理理论。该理论解释了企业竞争优势的最终来源以及同一产业内的企业间绩效存在持续差异的原因这一战略管理领域的核心问题。资源基础论认为，各种资源具有多种用途，其中又以货币资金为最，企业内部资源是其维持竞争优势所需的必要条件。企业的经营决策就是指定各种资源的特定用途，且决策一旦实施就不可还原。因此在任何一个时点上，企业都会拥有基于先前资源配置基础上进行决策后带来的资源储备，这种资源储备将限制、影响企业下一步的决策，即资源的开发过程倾向于降低企业灵活性。资源基础理论认为，企业是各种资源的集合体。由于各种原因，企业拥有的资源各不相同，具有异质性，这种异质性决定了企业竞争力的差异。

资源基础理论说明管理者的决策和行动要受到资源条件的制约，因此在分析股权激励的效果时，需要考虑企业可用资源的影响。

四、信息不对称理论

信息不对称理论是指在经济活动中，交易双方对相关信息的了解程度是不同的。具备信息优势的一方，在交易中处于有利地位；处于信息弱势的一方，则在交易中处于不利地位。

在委托—代理关系中，管理者和股东之间经常处于信息不对称状态，管理者比股东更了解企业的状况，因而可能会出现道德风险问题。信息不对称造成的道德风险问题可以通过股权激励来缓解。实施股权激励，让管理者主动去努力工作，能为股东创造更多价值。

五、期望效用理论

期望效用理论是关于个体在不确定情境下的决策和选择行为的经济学理论。该理论描述了"理性人"在不确定情境下的最优决策行为。期望效用理论认为，在满足完备性、传递性、连续性和独立性这几个前提假设后，个体决策的最终结果是对各种可能情境下个体效用的加权平均值最大化，也就是说，做出决策的个体追求的是期望效用最大化，计算期望效用时所使用的权重就是发生各种可能结果的概率。期望效用理论假设期望效用函数中的概率变量是客观存在的外生变量，并且假设决策者的效用函数是凹的，也就是说假定投资者是风险厌恶的。期望效用理论对决策者风险厌恶的假定是代理理论的基础，也是企业实施股权激励的理论基础之一。

六、前景理论

前景理论由 Kahneman 和 Tversky（1979）提出，是一种关于不确定性情境下个体决策行为的理论。前景理论对期望效用理论提出质疑。该理论认为，在不确定情境下的个体效用并不等于以概率作为权重的效用的期望值，而是等于用决策权重加总的期望值，而决策权重是由决策者的个体心理结构决定的。因此，个体决策者经常会有不理性的行为，决策者并不关注财富的最终价值，而只关注其财富相对于参照值的变化，并且在面临盈利和亏损时，决策者的风险偏好是不同的，当处于盈利状态时，决策者是风险厌恶者，而当面临损失时，决策者就会成为风险追逐者。

前景理论说明，管理者的风险厌恶程度并不是一成不变的，因此对管理者实施股权激励的效果会随具体环境而变化。

七、有效市场理论

有效市场理论是关于资本市场证券价格变化规律的理论。该理论指出，如果证券市场上的所有信息都能够被投资者及时掌握，从而在市场竞争的驱使下迅速、充分地反映在证券价格中，则该市场是有效的。在有效市场中，投资者不能得到超常收益。

根据有效市场理论，若市场是有效的，则管理者付出的努力会被市场知晓，并及时反映在公司股票价格中，从而以股票为基础向管理者支付薪酬就可以激励管理者努力工作并通过证券市场分享其努力工作的成果。但若证券市场效率很低，则股票价格很可能不会及时反映管理者的工作成果，股权激励也不能实现预期效果。因此，制定股权激励计划要考虑证券市场的有效性。

八、人力资本理论

对人力资本的研究始于20世纪60年代。人力资本理论认为，由知识和技能等构成的人力资本是一种特殊的资本形态，人力资本与非人力资本同样重要，应该享有同其他资本一样的收益分配权。

实施管理者股权激励制度，使管理者凭借人力资本成为企业股东，让管理者拥有的人力资本得到相应的收益，从而激励管理者按照股东的利益行事，有助于增加股东价值。

第四章 管理者股票期权风险承担激励对企业风险承担的影响

为了减少管理者风险厌恶导致的股东价值损失,代理理论提议实施股票期权激励。但是,对于向管理者授予股票期权是否一定能提高企业风险承担水平这一重要问题,前期研究的结论并不一致。前期有大量研究分析了股票期权激励对管理者风险承担的影响,主流结论是股票期权激励能促进企业风险承担,但也存在相反的证据。股票期权薪酬是否能导致管理者增加企业风险的这一重要问题,仍未最终解决。虽然本书在前文的理论分析中提出股票期权激励与企业风险承担正相关的假设,但这仍是一个实证问题,需要实证证据的支持。因此,本章将在第三章理论分析的基础上,设计并执行实证检验。

在本章中,我们首先利用企业股票收益波动性和会计利润波动性衡量企业风险承担程度,检验管理者股票期权风险承担激励对企业总体风险承担水平的影响,其次利用政策选择方面的风险承担指标,检验管理者股票期权风险承担激励对企业政策选择的影响,最后本书将以企业总体风险承担水平为因变量,对一些影响企业风险承担的环境因素加以分析。

本章具体内容安排如下:第一节阐述第三章中得出研究假设;第二节确定研究样本、研究模型、变量定义;第三节是实证结果,包括对变量进行描述性统计与相关性分析以及进行回归检验和实证结果分析;第四节执行进一步检验,分析一些企业特定因素的调节效应;第五节是本章小结。

第一节 理论分析与研究假设

一、管理者股票期权风险承担激励对总体风险承担水平的影响

由于可以通过多样化投资分散风险,股东对单个企业的风险偏好是中性的,

他们并不关心项目风险如何,只希望管理者利用所有净现值为正的项目来实现企业价值最大化。然而,由于管理者不能分散与其所任职公司有关的非系统性风险,他们比股东暴露于更多风险中,因而管理者比股东更加厌恶风险。为了保障其个人资本的安全,管理者在选择企业战略决策时会更为谨慎。管理者很可能只采用风险较小的项目,却放弃一些有风险但净现值为正的项目,导致所选择项目的综合风险与回报低于风险中性的股东所希望达到的水平,这将破坏股东价值。代理理论将这种问题称之为风险相关代理问题。

为分析管理者激励和企业风险之间的关系,我们需要根据预测管理者激励和企业风险之间关系的一个委托—代理模型展开分析。借鉴谢德仁(2007)以及Holmstrom和Milgrom(1987)的研究,本书做出如下假设:

企业剩余 $R = a + \varepsilon$,其中,a 代表管理者的行动,ε 代表管理者行动之外的影响 R 的随机因素,并且假设 ε 服从正态分布,即 $\varepsilon \sim N[0, \sigma_\varepsilon^2]$;管理者获得薪酬的函数 $W = \alpha + \beta R$;管理者的行动成本是其行动的二次幂函数:$C(a) = k\dfrac{a^2}{2}$,其中,$k > 0$;管理者拥有指数型效用函数 $U = \dfrac{-\exp[-\rho(W - K\dfrac{a^2}{2})]/\rho}{\rho}$。

其中,ρ 是管理者的绝对风险厌恶系数。

假设管理者是厌恶风险的,其绝对风险厌恶系数 $\rho > 0$,管理者的效用函数是其薪酬财富 W 的凹函数,即 $U'(W) > 0$,$U''(W) < 0$,而股东是风险中性的。

管理者厌恶努力工作,努力工作会增加管理者的成本或者减少其效用。

则得到管理者参与企业剩余索取权分享的最优比例为:

$$\beta^* = \dfrac{1}{1 + k\rho\delta_R^2} \tag{4-1}$$

在式(4-1)中,k 是管理者行动成本函数的曲率,ρ 是管理者的绝对风险厌恶系数,β 是管理者参与企业剩余索取权分享的比例,δ_R^2 代表企业剩余 R 的波动性。

若股东能观察到管理者的行动 a,则股东可以基于对 a 的观察与管理者签约,而不必基于企业剩余 R,最优的管理者薪酬合约就是支付固定工资和惩罚管理者的非最优行动,此时管理者不需承担任何风险,股东也不需要向管理者提供任何激励。

若股东不能观察到管理者的行动 a,就会出现道德风险问题,此时需要向管理者提供努力工作的激励,也就是说让管理者参与分享企业的剩余索取权。

当管理者的行动 a 不能影响 σ_R^2 时,管理者激励问题就可以简化为如何激励管理者努力工作以提高企业剩余 R 的期望值,此时管理者报酬是 R 的线性函数。

如式(4-1)所示,管理者参与企业剩余索取权分享的最优比例为:

$\beta^* = 1/(1 + k\rho\delta_R^2)$,由于 $k > 0$,$\rho > 0$,$\delta_R^2 > 0$,所以,$0 < \beta^* < 1$,这意味着管理者不会得到其努力工作所产生的全部边际企业剩余,经理人只能努力到其享有的边际 β_R 等于其努力的边际负效用为止。所以,管理者的行动 a 和企业的剩余收益并不能达到股东希望最优程度。

为减轻管理者对努力的厌恶程度,需要向管理者提供促使其努力工作以提高企业剩余或股东财富的激励。这一类激励可以用管理者的薪酬业绩弹性来定义,等于股东财富(企业剩余)增长一定金额时,管理者薪酬增加的金额,也就是 $\Delta W = \beta \Delta R$ 中的 β。在给定 $k > 0$、$\rho > 0$、a 的不可观察性和 a 不影响 δ_R^2 的假定条件下,这一激励主要是为了减轻或解决管理者努力的负效用问题,以便增加管理者的努力程度。这一激励可以称为对管理者的利益协同激励。根据这种定义,利益协同激励只需要是企业业绩 R 的线性函数即可,β 就是该函数的斜率,通过对这一斜率的管理,股东就可以激励管理者努力工作,从而提高企业剩余。

由于利益协同激励将管理者的薪酬与股东价值在一定程度上联结在一起,所以利益协同激励可以在一定程度上激励管理者选择能给股东带来更大价值增长的企业政策。合理的利益协同激励可以减轻管理者的短期行为,激励管理者更加注重企业研发、培训等能产生长期利益的活动。因此,利益协同激励不仅能增进管理者工作的努力程度,而且能增进管理者工作的正确程度。

对管理者的利益协同激励是通过促使管理者提高 R 进而提高其报酬 W 来实现,W 的增加又会提高管理者的效用,因为 $U'(W) > 0$。

由于 R 是不确定的,具有一定的风险,而管理者的效用函数是其报酬的凹函数,即 $U'(W) > 0$,$U''(W) < 0$,也就是说,薪酬风险增加时,管理者的效用会降低。当股东不能观察到管理者的行动时,为了维持个人效用最大化,厌恶风险的管理者有可能拒绝一些从股东角度看净现值为正但能增加企业风险的投资项目而导致投资不足,从而阻碍了股东财富的增加。因此,想要减少管理者为了实现个人效用最大化而导致的企业价值损失,就需要对管理者因薪酬 W 中的风险性产生的效用损失进行补偿。

若想解决管理者的风险厌恶问题,W 不应该是 R 的线性函数,而应该是 R 的凸函数,即 $U'(W) > 0$,$U''(W) > 0$,因为当 W 是 R 的线性函数时,W 不

会随着 δ_R^2 的变动而变动。

假定 W 是 R 的非线性函数，当管理者行动 a 可以影响 δ_R^2 时，δ_R^2 可进一步分解为管理者不能控制的企业系统风险（市场风险）δ_S^2 和管理者可控的企业特定风险 δ_i^2。在这种情况下，若管理者的报酬中包含风险报酬，则会使管理者承担部分经营风险，但也能得到提高 R 的激励，管理者提高的企业剩余越多，其能得到的 β_R 也越大。当 W 是凸函数时，就可以产生风险承担激励。风险承担激励可以促使管理者通过主动承担风险来提高其个人效用。

对于风险承担激励，由于 W 是凸函数，而管理者的效用 U 是凹函数，故当管理者选择提高 δ_i^2 时，一方面管理者的预期报酬 W 会随之提高，另一方面 δ_i^2 和 W 的风险性的提高也会令管理者的效用下降，因为管理者的效用函数是其薪酬财富 W 的凹函数 $U''(W) < 0$。不妨称前者为财富效应，称后者为风险厌恶效应。财富效应反映了 δ_i^2 的提高带来的 W 增加以及进一步导致的管理者效用的增加，而风险厌恶效用则反映着 δ_i^2 及 W 中风险性的提高对管理者效用的降低额，财富效用减去风险厌恶效应的差值就构成了该薪酬对管理者的私人价值。当财富效应大于风险厌恶效应时，管理者会受到激励去选择提高 δ_i^2，则风险承担激励得以实现。当风险厌恶效应大于财富效应时，管理者就不会选择提高 δ_i^2，风险承担激励无法实现。不仅如此，还可能加剧管理者的风险厌恶，因为在某些条件下，经理人若降低 δ_i^2，该项报酬对其仍有价值，尽管财富效应会反转（报酬金额会下降），但其风险厌恶效应也反转，且超过财富效应的反转，这时候管理者就有激励去选择降低 δ_i^2，此时会产生负的风险承担激励。例如在某些情况下，作为 R 的凸函数的管理者股票期权反而加剧管理者的风险厌恶，使之寻求降低企业风险承担。因此，并不存在能使所有预期效用最大化者都更乐意接受风险或更厌恶风险的激励方案。凹凸性只是其是否让管理者更加厌恶风险的必要条件，而非充要条件。

此外，风险承担激励也并非越高越好，因为股东并不希望过度的风险承担导致的过度投资行为。股东也需要权衡提供风险承担激励的成本与收益。当然，由于衡量管理者的风险厌恶效应需要考虑管理者的风险厌恶程度和效用函数、管理者的初始财富状况及多元化情况等难以获取的信息，所以并不容易估计风险报酬对管理者的私人价值。

尽管利益协同激励和风险承担激励的最终指向是一致的，但二者作用的直接目标和机理是不同的。利益协同激励是将管理者的报酬与股东财富的变动相挂钩，提高该类激励只需要增加管理者薪酬对股东财富变动的敏感性，即直接调整管理者报酬与企业业绩关系的斜率。而风险承担激励则是将管理者薪酬与股东财富增长的风险相挂钩,需要提高管理者报酬对股东财富增长的波动率的敏感性,也就是要调整管理者报酬与企业业绩关系的凸度。利益协同激励和风险承担激励同时存在意味着股东不仅需要管理管理者薪酬与业绩关系的斜率,还要对管理者报酬与业绩关系的凸度进行管理,只有这样才能实现对管理者的恰当激励。

利益协同激励和风险承担激励与 δ_s^2 和 δ_i^2 存在方向不同的均衡关系,即利益协同激励与 δ_s^2 和 δ_i^2 一般是负相关关系,而风险承担激励在财富效应大于风险厌恶效应的范围内与二者之间是正相关关系。

因此,对管理者的激励不仅要解决管理厌恶努力工作的问题,还要解决管理者风险厌恶的问题。尽管对管理者提供的利益协同激励在一定程度上可以促使管理者采用有助于股东财富最大化的项目,但为提供利益协同激励所需的管理者报酬只是企业剩余 R 的线性增函数,这种激励与企业剩余的风险 δ_R^2 并非正相关关系,而且当 R 的风险性提高时,管理者的效用会大幅降低。因此,为了让管理者接受和选择股东所希望的风险和回报水平,就需要将管理者的报酬与股东财富增长的风险联系起来,使管理者更愿意选择风险和回报更高的项目。具体地说,若以企业剩余 R 中包含的企业特定风险 δ_i^2 表示股东财富的增长,则应该将管理者的报酬与 δ_i^2 联系起来,使得管理者的报酬随着 δ_i^2 的增加而增加。这一类激励的计量可以用管理者财富对企业剩余收益的敏感性来表示。这种激励可以促使管理者主动承担股东满意的风险水平,这也是我们称之为风险承担激励的原因。提供风险承担激励,实际上是在调整管理者的风险态度,以便激励管理者做出正确决策来增加企业剩余。因此,股东若想提高企业的风险和回报水平,就应该提高对管理者的风险承担激励,也就是要提高管理者薪酬对企业特定风险的敏感度,或者说,要提高管理者薪酬与业绩关系的凸度。

根据上述分析可知,为保障企业价值不受管理者风险厌恶的影响,股东可以采用将监督和激励相结合的手段,来督促管理者按股东价值最大化目标努力工作。

传统上,股权激励是股东解决代理问题的一种重要手段。股权激励是指以公司股票为基础,向管理授予权益薪酬,通常包括股票激励和股票期权激励等方式。股权基础薪酬可以产生利益协同激励,将高管个人财富的价值与股东财富的价值联系在一起,从而促使管理者努力工作,减轻道德风险问题,降低代理成本。但通过管理者持股去激励管理者有可能加重管理者的风险厌恶。为减轻风险相关代理问题,一个可选的办法就是实施股票期权这种股权激励方式。正如

Guay（1999）所指出的那样，在激励管理者承担更多风险方面，股票期权薪酬比现金、红利和普通的持股更加有效。虽然股票和股票期权都能促使管理者努力提高股票价格以减少代理问题，但通常二者对企业风险承担的影响是恰好相反的。当管理者持有股票时，他们的财富高度依赖于公司业绩，因而他们倾向于减少公司风险（Smith 和 Stulz，1985）。但向管理者授予股票期权时，却能创造一些有助于解决风险相关代理问题的特殊优势。

前期文献指出，股票期权薪酬向管理者提供了提高企业风险承担程度的激励。这主要体现在以下几个方面：第一，布莱克—斯科尔斯期权定价模型表明，股票期权价值与股票收益的波动性正相关，从而股票收益波动性变大时，管理者持有的股票期权薪酬的价值会增加。第二，从布莱克—斯科尔斯期权定价模型还可以看出，股票期权价值是股票价格的凸函数，股票期权中暗含的薪酬—业绩敏感性天生是凸的，当股票价格增加时，期权价值增加的速度会更快。当股票价格超过行权价格时，管理者会得到收益。当股价下跌时，期权变成虚值期权（价外期权），这意味着期权 Vega 变得更小（当股票价格接近行权价时，期权 Vega 最大）了。当股票价格下跌时，股票期权的价格甚至比期权 Vega 下跌得更快。但当股票价格跌到行权价之下时，管理者的损失却可以限制在 0。虽然按照代理理论的观点，厌恶风险的管理者的效用函数是其财富的凹函数（Smith 和 Stulz，1985），但当股票期权激励力度足够大时，股票期权的凸性便有可能抵消管理者效用函数的凹性。另外，授予管理者的股票期权属于看涨期权，这意味着管理者可以在股票价格上涨时行权并获取收益，而当股票价格跌破行权价时，管理者也可以放弃行权以避免损失。因此，管理者股票期权薪酬能产生一种不对称的激励结构，这种不对称的激励结构可以保障管理者只需承担有限的风险。当管理者因上行风险收到回报，但不因向下的风险受到惩罚，他们自然会比在两个方向上同时面对同样的后果时承担更多的风险。对于获得股权基础薪酬的高管来说，风险承担激励的主要来源是股票期权。既然股票期权价值随着股票波动性而单调增加，股票期权能激励管理者增加这种波动性。

由于上述原因，向管理者授予股票期权可以增加管理者对公司风险的容忍度。为了获取股票收益波动性增加带来财富增长，管理者会做出对股东有利的决策，实施更多能增加股东价值的有风险的项目，例如，高风险的投资、融资政策和其他企业政策。这些投资和融资等风险政策又进一步决定公司现金流和股票收益的概率分布，从而会增加企业的总体风险承担水平（Guay，1999；Schrand 和 Unal，1995）。当管理者持有更多期权时，管理者可能会愿意承担更多风险。

这种股权期权薪酬能增加企业总体风险承担水平的理论预期得到了很多实证证据的支持。例如使用不同的样本，DeFusco、Johnson 和 Zorn（1990），Coles、Daniel 和 Naveen（2006）以及 Rajgopal 和 Shevlin（2002）等都曾经证明，股票期权方案能导致股票价格波动性地增加。Chen（2003）采用授予前后投资收益波动率比率（风险相对性）以及授予前后投资收益波动性地增加（风险差异）来衡量公司总体风险承担水平的变化，也得到了类似的结论。

虽然主流观点承认股票期权可以提高企业的风险承担水平，但 Ross（2004）和 Carpenter（2000）等研究认为，只有在满足其他必要条件时，授予管理者股票期权才能促使其主动承担风险。若股票期权薪酬在薪酬总额中占比很大，当大量期权薪酬套现受到限制时，就会使管理者财富集中度更大，管理者在风险中的暴露增加，这可能会增加管理者的风险规避程度（Wright、Kroll 和 Krug 等，2002）。此时，管理者可能会更加注重个人效用管理，而不是从股东角度选择项目，从而导致企业的风险承担水平的下降。

综上所述，管理者股票期权激励与企业风险承担的关系是一个实证问题，需要结合实施股权激励的实际情况来判断和验证。分析我国企业实施的股票期权激励是否能促进风险承担，也需要以我国的经济、文化、制度背景以及企业股权激励的具体实践为基础。我国实施股权激励的历史还很短，相关法规和制度与西方发达国家多有不同。例如，由于我国上市公司中有大量国有控股公司，为防止国企管理者利用实施股权激励之机侵吞国有资产，国资委和财政部专门颁布了一些法规限制国有企业股权激励的力度，但国外法律很少对管理者股权薪酬做出限制性规定。因此，尽管美国高管获授的股票期权薪酬曾经一度达到其薪酬总额的 74%，但我国证监会却将高管个人股权激励预期收益限制在其薪酬总额的 30% 以内。国企执行这种低力度的股权激励方案也对民营企业产生了示范效应。据本书统计，截至 2017 年 9 月 27 日，我国 A 股上市公司授予的管理者的激励股份（包括股票、期权和股票增值权）总数仅占全部股本的 2.43%，另外，我国企业实施股票期权激励时间很短，仅有十余年时间，因此管理者股权的累积效应并不明显，而且管理者获授的股票期权数量并不多，即使不能及时套现，转换成股份数量也不多，未必会有因持股导致的严重的风险规避问题。因此本书认为，我国企业实施股票期权薪酬激励并不会加剧管理者的风险厌恶，只能促进企业总体风险承担水平的提升。

综上所述，我们提出如下假设：

H1：其他条件相同，管理者股票期权风险承担激励与企业总体风险承担水平正相关。

二、管理者股票期权风险承担激励对企业政策选择的影响

根据前文分析可知,管理者股票期权薪酬能提升企业总体风险承担水平。由于股票期权薪酬的这种综合影响是通过制定和执行一系列有风险的企业政策来实现的,为确认股票期权激励对企业风险承担的影响,有必要分析股票期权激励对企业具体政策选择的影响。通过企业在面临有风险的项目时的具体抉择,可以更准确地判断股票期权是否会影响管理者的风险偏好。如果管理者股票期权激励会影响企业风险承担水平,股票收益波动性和会计利润波动性有可能是衡量公司业绩风险的良好代理变量。但较高的股票收益波动性未必是由于公司承担更多风险项目造成的,因为股票收益波动性中包含着资本投资风险之外的其他因素。任何在市场上释放的消息都可能立即改变股票回报,因此股票价格可能是非常不稳定的,例如财务杠杆的增加可能增加财务危机的概率,但未必意味着管理者承担更多有风险项目。企业从事有风险的投资可能导致公司现金流波动性变化,依次会影响管理者人力资本价值变化,但公司现金流中的波动性变化未必意味着管理者从事更多风险投资项目。但反过来,公司总体风险承担水平的增加这种最终的影响都是通过公司的风险政策来实现的。因此,为确认股票期权激励对企业风险承担的影响,有必要分析股票期权激励对具体公司政策的影响。通过企业在面临有风险的项目时的具体抉择,可以更准确地判断股票期权是否会影响管理者的风险偏好。也就是说,当管理者在投资、融资和纳税政策方面都做出风险大但有利于股东价值增加的决策时,就说明股票期权激励的确能提高企业风险承担水平。

如果管理者股票期权激励会影响企业风险承担水平,股票收益波动性和会计利润波动性有可能是衡量公司业绩风险的良好代理变量。但较高的股票收益波动性未必是由于公司承担更多风险项目造成的,因为股票收益波动性中包含着资本投资风险之外的其他因素。任何在市场上释放的消息都可能立即改变股票回报,因此股票价格可能是非常不稳定的,例如,财务杠杆的增加可能增加财务危机的概率,但未必意味着管理者承担更多有风险项目。企业从事有风险的投资可能导致公司现金流波动性变化,依次会影响管理者人力资本价值变化,但公司现金流中的波动性变化未必意味着管理者从事更多风险投资项目。但反过来,公司总体风险承担水平的增加这种最终的影响都是通过公司的风险政策来实现的。因此,为确认股票期权激励对企业风险承担的影响,有必要分析股票期权激励对具体公

司政策的影响。通过企业在面临有风险的项目时的具体抉择，可以更准确地判断股票期权是否会影响管理者的风险偏好。也就是说，当管理者在投资、融资和纳税政策方面，都做出风险大但有利于股东价值增加的决策时，就说明股票期权激励的确能提高企业风险承担水平。

（一）股票期权激励对企业投资政策的影响

投资活动是企业最重要的经营活动，会对企业的总体风险承担水平产生直接影响。通过授予管理者股票期权，企业可以向管理者提供实施有风险的投资项目的激励。股票期权激励对企业投资政策的影响主要体现在投资规模、研发投资强度以及作为投资结果的行业集中度三个方面。

第一，对于管理者来说，增加企业投资政策方面的风险承担需要考虑的第一个要素就是投资规模的大小。Larcker（1983）的研究证明，对CEO实施的长期激励方案与企业资本支出水平的增长正相关，指出使用根据跨年业绩向CEO支付薪酬的方案，能促使CEO投资于更多固定资产。这些固定资产将在未来年度产生回报而不是在当前年度产生回报，若没有这些激励，CEO将不愿意为这些未来的不确定性收益牺牲当前盈余。Lambert、Lanen和Larcker（1989）发现，采用股票期权薪酬与公司股利支付的减少有关。这个结论从逻辑上符合如下事实：股票期权仅仅带给管理者分享股票价格增值的权利，而不是参与利润分配的权利。因此，被授予股票期权的管理者更愿意留下利润用于有助于提升股票价格的投资，为此宁愿用减少股利支付的方式保存可用资金，从而可以利用长期投资推动未来股价上涨。Sanders（2001）在研究中也发现，CEO股票期权薪酬与公司的并购数量正相关，尽管他们没有报告关于并购规模的数据，但他们的实证结果表明，CEO股票期权薪酬能促进企业投资支出的增加。考虑到被授予股票期权的管理者的目标是股价大幅上升，管理者自然会倾向于更大额度的投资支出。股票期权会增加管理者做出大额投资的意愿，比如大额研发、巨额资本支出和并购等。少量投资可能很难改变股票价格，支出越大，就会有越多的机会影响公司业绩，而且可能是管理者所希望的正向的业绩提升。前期文献指出，在中国资本市场上，上市公司发布重要投资公告会对股票市场产生显著影响，将引起股票成交量和股票价格异常波动（任健华和郑少锋，2011），这自然有利于持有股票期权的管理者个人财富的增加。因此可以推断，管理者股票期权薪酬将促进企业扩大投资规模。

第二，除了会对企业投资规模产生影响，股票期权还会对企业研发投资强度产生影响。在激烈的市场竞争中，为获取和保持竞争优势，企业必须进行研发投资。但从投资动机上看，厌恶风险的管理者更愿意投资收益前景稳定的低风险项目（Yadav、Prabhu 和 Chandy，2007），但研发投资却是一种风险很高的投资，因此与其他风险较小的投资相比，管理者并不偏爱研发投资。另外，从研发活动的特征上看，由于研发活动有投入周期长、结果不确定、成果新颖性强等特征，评估研发投资的前景及最终成果更困难。由于研发投资导致的信息不对称更大，企业从外部融资的成本会较高（Hall，2002），这也会抑制管理者投资研发活动的意愿，企业的投资不足在研发投资上会更加明显。根据代理理论的观点，由于不能像股东那样充分分散所服务的企业相关的特殊风险，管理者比股东更加厌恶风险，因此对于研发活动这种结果不确定的投资，管理者更容易放弃。若无恰当激励，管理者主动进行研发投资的愿望会很低，企业的研发投资强度不可能达到股东所期望实现的最优水平。

由于研发活动的不确定性容易引发股价波动，这可能导致管理者持有的股票期权价值增加。因此，股票期权激励有助于解决研发投资不足的问题。很多前期实证研究提供了股票期权能促使管理者实施更多有风险投资的证据（Rajgopal 和 Shevlin，2002；Wright、Kroll 和 Lado 等，2002）。前期研究也指出，股票期权会激励企业管理者将资金花费于高方差的项目中，持有股票期权的 CEO 会执行更多极端的、方差大的风险项目（Agrawal 和 Mandelker，1987），对 CEO 实施股票期权薪酬方案能推动 CEO 更多进行研发投资，从而导致企业的系统性和非系统性风险增加（Chen，2014）。同样在中国资本市场，研发投资引发的股价波动性也会提升管理者股票期权薪酬的价值。基于以上分析，我们认为管理者股票期权的风险承担激励（Vega）能促进企业投资研发。

第三，通过做出分散投资还是投资于少数行业的投资决策，企业将决定实施多元化经营还是集中化经营。多元化经营意味着企业分布于多个行业，而集中经营意味着企业经营只积聚于少数业务部门。根据最优资产组合选择理论，企业可以通过对预期收益、利率和包括道德风险在内的风险的权衡来决定配置资产，从而实现最优资产配置，在此过程中也能实现对冲各种风险的愿望。对冲风险是企业多元化经营的一个重要驱动力。现代资产组合理论认为，虽然无法对冲公司系统分析，但公司可以利用分散经营形成投资组合以便对冲非系统性风险，减少现金流的波动性（博迪、默顿和克利顿等，2013）。另外，实施多元化经营的企业，其不同的业务之间收入不完全相关，这能减少个别业务波动性造成的风险，这些业务会形成共同保险效应，避免企业总体收入的降低（Lewellen，1971），而且，公司风险的降低也会降低企业的资金成本（Chen 等，2014）。因此，企业选择的经营部门越分散，其风险越小；经营集中度越大，其风险越大。风险厌恶程度高的管理者会选择多元化投资，而风险厌恶程度小的管理者会选择集中投资。通过增加营业集中度，减少多种经营，管理者能增加公司风险（Coles 等，2006），从而增加股票期权薪酬的价值。因此，我们预计，接受了股票期权激励的管理者更可能投资于较少的行业，保持较高的经营集中度。

综合以上观点，本书认为中国上市公司的股票期权激励能促使公司加大投资规模，提高研发投资强度、投资于更少的行业。基于此，我们提出如下假设：

H2：其他条件相同，管理者股票期权风险承担激励越大，企业的投资规模越大。

H3：其他条件相同，管理者股票期权风险承担激励越大，企业的研发强度越大。

H4：其他条件相同，管理者股票期权风险承担激励越大，企业的经营集中度会越高。

（二）股票期权激励对融资政策的影响

股东希望在资本结构中使用更多的债务以便最大化股权投资的回报。但许多研究发现，企业的财务杠杆通常远远小于股东所期望的或理论所预测的水平。这可以有两种解释：一种是企业想要保留一定的借款能力以便将来能利用新的投资机会，另一种是管理者故意采用比股东所希望的更低水平的杠杆。更高的杠杆伴随着财务危机增加的可能性，比如违反财务约定事项、债务违约、破产。除了直接削弱企业的风险承担能力，这些事件还增加了管理层变更的可能性，并影响其随后职业前景这些事件，因此会影响管理者承担风险的欲望，为了保护其不可分散的人力资本和其他财富免于因公司债务违约破产而受损，同时也可以避免来自债权人的额外监督，管理者会避免过高的财务杠杆。前期研究也表明，在企业从事有风险的投资时，财务杠杆有可能增加风险规避、投资未分散化的管理者的个人成本，管理者会出于个人效用的权衡而调整投资策略。如 Chava 和 Roberts（2008）发现，当与债权人加快贷款联系起来时，违约会导致公司资本投资的减少。

为解决管理者在财务杠杆运用上的保守性冲突，委托人可以用激励和监督两种方式。监督可以通过完善公司治理来实现。激励可以协调二者利益。大量前工作表明，薪酬合约会影响杠杆选择（Coles、Daniel 和 Naveen，2006）。提供股权激励的一个目的是鼓励管理者使用更多债务以便实现公司价值最大化，因为债务融资比股权融资更便宜。而实施期权激励更是可能减轻管理者的风险厌恶程度。一些研究者认为，采用基于公司价值或管理者绩效的激励能使管理者和股东形成利益同盟，可鼓励管理者减少损害公司价值的行为，从而财务杠杆与激励之间应该是正相关关系。但是，由于增加的企业财务杠杆会同时增加企业的风险和预期收益，随着财务杠杆增加，红利和股票激励的价值可能增加也可能不增加。管理者使用更多债务的成本（违约风险和进一步的监督），可能超过激励的好处。因此，当被授予红利和股票时，开始管理者会反对负债，目的是保持这些激励的价值。但是，一旦激励变得很重要，管理者意识到他们因反对债务而损失的价值超过使用债务的成本，管理者会开始使用更多的债务，以便得到损失的价值。

不同于红利和股票激励，财务杠杆增加导致的企业风险总会增加期权价值，因为其他条件不变时，股票期权价值与基础股票波动性之间总是正相关的。管理者会通过增加企业债务负担或者通过持有较少的流动资产扩大企业的风险暴露（Srivastav、Armitage 和 Hagendorff，2014）。许多学者发现，财务杠杆和期权激励之间是正相关的。然而，增加财务杠杆也会增加企业的非系统性风险，比如违约风险。管理者通常会避免违约风险以便保护其人力资本和有限分散的财富。

接受了股票期权激励的管理者最初可能会使用更多杠杆以便增加公司系统性风险并提升其期权激励的价值。但财务杠杆的增加也会增加非系统性风险并使系统性风险对期权价值的影响变小了，导致增加非系统性风险的成本超过增加系统性风险的好处。实际上，Duan 和 Wei（2005）发现，管理者期权价值会随着系统性风险增加而增加，当公司全部风险很低时这种效果更明显。Tian（2004）也证明，管理者股票期权能产生增加公司系统风险的激励和减少管理者通常不愿意承担的非系统性风险的激励。因而，一旦认为面临的风险太大，管理者会使用更少的杠杆以减少非系统性风险和相关成本，比如违约风险和债权人的监督行动。

综合以上分析可知，股票期权激励对财务杠杆的影响可能因管理者对系统性和非系统性风险的判断和权衡而变化，因此，本书提出如下研究假设：

H5a：其他条件相同，管理者股票期权风险承担激励与企业财务杠杆水平正相关。

H5b：其他条件相同，管理者股票期权风险承担激励与企业财务杠杆水平负相关。

（三）股票期权激励对企业纳税政策的影响

企业的纳税政策对企业净利润和现金流能产生直接影响。企业纳税政策越激进,则其避税会越多。按照 Dyreng、Hanlon 和 Maydew（2008）以及 Hanlon 和 Heitzman（2010）的定义,避税是指任何能明确减少公司税务负担的活动,这最终反映在企业有效税率上,其中包括合法的纳税减少和处于灰色地带的避税。

传统上,公司避税被看作是将利益从政府向股东转移以便最大化股东价值。避税给企业带来的好处是很明显的,避税能减少企业负债、增加现金流。增加报表上的净利润。如果能成功实施,避税测量会将财富从政府转移给股东。因此,这将导致相对低的税费支付额以及更高的税后现金流,显示在分析师的报告中,并最终显示在股票价格上。

在带来收益的同时,避税也是一种风险较高的活动。在公司层面,避税会减少公司社会责任（Erle,2008）。在宏观层面,避税代表了能提供公共产品的政府资源的损失（Sikka,2010）。Lee、Dobiyanski 和 Minton（2015）提出,如果股东不能完全理解成本和收益结构,避税活动也会减少公司价值。关于避税对公司价值的实证研究产生了混合的发现。Desai 和 Dharmapala（2009）发现,除了占优势的机构所有权的公司存在有显著的正相关之外,避税和公司价值之间不存在显著的关系。

从理论上看,个人纳税遵从性是由税率、被发现和惩罚的可能性、风险厌恶和公民责任等固有动机决定的。这些因素中的许多也适用于企业。然而,正如 Slemrod（2004）指出的,因为所有权和控制权的分离,在上市公司纳税决策中还需考虑额外的问题。

风险中性的股东希望管理者按照股东的利益行动,只关注利润最大化,这意味着从股东立场看,只要预期避税的增量利益超过增加的成本,就应该寻找减少纳税义务的机会。但实践中,仍存在"低税盾之谜",企业并不能总是根据股东的意愿去积极避税。

因而,激进的税收政策可能会增加企业的成本和风险。风险中性的股东对风险并不在意,但风险厌恶的管理者却会对避税的个人成本和收益进行权衡。避税可能导致管理者名誉受损,甚至受到法律制裁,因而管理者并不会像股东那样忽视风险。

所有权和控制权的分离可能导致公司纳税决策反映管理者的私人利益,却有损股东的利益。在代理理论框架下,Chen 和 Chu（2005）以及 Crocker 和 Slemrod（2005）建立了理解公司避税的理论基础。Chen 和 Chu（2005）在标准代理模型下,检查了公司避税,发现由于管理权和控制权分离会导致效率损失。Crocker 和 Slemrod（2005）检查了决定公司所得税减少的管理者的薪酬合约（如 CFO 和纳税顾问），发现税务违规导致的惩罚对委托人和代理人的影响并不相同。Desai 等（2007）指出，当治理很弱时，税率的增加会导致更多的降低公司应税收入的转移；当公司治理很强时，公司税率的增加会产生更高的公司应税收入。

所有权和控制权的分离意味着，如果避税是值得的，那么所有者应该构建恰当的激励，以便确保管理者做出有效的税务决策。有效税务决策的效率意味着能增加公司所有者的税后财富，也就是这些业务的边际收益超过边际成本。这可以明确地以纳税结果为基础或者含蓄地将薪酬与税后回报或股价联系起来实现。

从而，股东和董事会需要寻找控制和激励机制的结合，以便最小化代理成本（Jensen 和 Meckling，1976）。前期文献检查了美国公司管理者薪酬实践和企业避税之间的关系。这些研究发现，以税后业绩为基础的薪酬合约能导致更低的有效税率、促进企业避税，有助于联结股东和税务主管的利益（Phillips，2003；Crocker 和 Slemrod，2005；Gaertner，2014），但也可能带来更多的税务舞弊（Hanlon 等，2005）。此外，学者们检查了不同类型的管理者薪酬合约在避税中的作用。例如，Armstrong 等（2012）发现，税务主管的全部薪酬和薪酬组合与根据会计准则计算的有效税率有关，但是对现金有效税率等避税指标没有解释能力，并且 CEO 和 CFO 的薪酬与各种避税指标均无关。他们的结论是：税务主管的薪酬合约能激励其努力降低财务报告中的税费，实现粉饰财务报告的目的，但不能鼓励税务主管减少实际缴纳的税金，而 CEO 或 CFO 的薪酬合约中并不存在与避税相关的激励。

在各种激励性薪酬中，股票期权薪酬对避税的影响尤为突出。20 世纪 90 年代，随着激励性薪酬的大幅增长，美国上市公司向资本市场报告的利润与其向美国联邦税务局报告的利润之间的差距迅速增加。造成这种会税差异的原因有很多，除了折旧、国外所得、盈余管理的增加、公司治理结构等传统因素外，一个重要原因是员工期权授予（Desai 等，2004）。此外，Rego 和 Wilson（2012）指出，股票期权中的风险承担激励是影响公司纳税政策的中介因素。基于以上事实，我们可以推测，股票期权激励会促使管理者接受甚至追求避税带来的风险，采用更加激进的避税策略。综上所述，我们提出如下假设：

所有权和控制权的分离意味着，如果避税是值得的，那么所有者应该构建恰当的激励，以便确保管理者做出有效的税务决策，税务决策的效率意味着能增加公司所有者的税后财富，也就是，这些业务的边际收益超过边际成本。这可以通过明确地以纳税结果为基础或者通过含蓄地将薪酬与税后回报或股价联系起来实现。

Fan（2002）主张，亚洲国家的代理问题混合了公司透明度的缺乏，这允许了寻租和内部人交易。Piotroski、Wong 和 Zhang（2015）报告说，中国的金融系统和上市公司在一个信息很差的环境中运营。此外，中国的税务系统并不完善，有很多漏洞，中国税负基本上是由企业承担的，90%的税源来自于企业纳税人，并且中国企业的税负高于国际同类企业的一般水平（高培勇，2015）。

这些因素为管理者从事机会主义行为和最大化其私人目标提供了空间，管理者在做出税务决策时还要有机会主义的考虑。

如上所述，在中国制度环境下，股权激励是否能增加企业避税是一个实证问题。

H6：其他条件相同，管理者股票期权风险承担激励与企业避税程度正相关。

第二节 研究设计

一、样本选择与数据来源

本书的主要研究目的是检查管理者股票期权的风险承担激励效应。因此，需要使用中国 A 股上市公司的股票期权激励明细数据。

本书中需要计算股票期权价值，期权定价模型中所使用的授予价格、行权价格、有效期、初始授予数量等数据来自 Wind 数据库中的"股权激励一览"和"股权激励实施明细"，无风险利率来自 Wind 数据库中的国债利率。为确定授予数量、行权数量的变化和激励对象身份，笔者从巨潮资讯和金融界网站下载了相关公司的股权激励授予公告、股票期权激励计划草案及修订稿等其他相关的公告。由于我国第一份股票期权激励方案发布于 2006 年，故本书选取在 2006～2017 年实施股票期权激励方案的 A 股上市公司的 1608 个样本作为初始样本。对于公告期权激励方案后停止实施的公司样本，本书没有将其包含在内。以此为基础，对样本做出以下处理：

（1）对于相关数据缺失的样本，先通过查看上市公司财务报告和其他公告，尽量补充完整，实在无法补充的则加以删除。

（2）由于金融行业样本所使用的会计准则与其他行业样本不同，故本书删除了全部金融公司样本。

（3）由于回归分析时需要滞后一期数据，故剔除股票期权方案仅实施一年的公司样本。

（4）对所有变量进行了1%水平的缩尾处理以便消除异常值的影响。最终得到303个公司的1360个样本。

本书运用的其他公司治理、高管个人特征以及财务数据主要取自国泰安数据库、Wind数据库和CCER数据库，数据分析处理利用Stata12.0软件完成。

二、模型设定

为检验H1，借鉴Ferris、Javakhadze和Rajkovic（2017）等的研究模型，本书构建以下线性回归模型，以便验证股票期权风险承担激励对企业总体风险承担水平的影响：

$$Risk\text{—}taking = Vega + Controls \qquad (4-2)$$

其中，Risk—taking是企业总体风险承担水平，Controls代表控制变量，包括期权（Delta）、企业年限（Lnage）和规模（Size）、市账比（Mtb）和销售增长率（Growth）、股票回报率（Return）、权益负债比率（Equity to Debt）和现金结余（Cash Surplus）、CEO任期（Tenure）和CEO年龄（CEOage）、CEO性别（CEOGD）、企业高管现金薪酬（Comp）。变量具体定义见表4-1。

为检验假设2至假设6，借鉴Gormley、Matsa和Milbourn（2013）以及Desai和Dharmapala（2006）等的研究模型，本书构建如下线性回归模型，以便验证股票期权激励对企业总体风险承担水平的影响：

$$Policy = f（Vega, Controls） \qquad (4-3)$$

其中，Policy代表企业政策，在H2中表示投资规模（Capx），在H3中代表研发强度，在H4中代表经营集中度（Focus），在H5a和H5b中表示财务杠杆（Lev），在H6中表示有效税率（Etr）。

Controls代表控制变量，与式（4-2）中的变量相同，也包括期权（Delta）、公司年限（Lnage）和规模（Size）、市账比（Mtb）和销售增长率（Growth）、股票回报率（Return）、权益负债比率（Equity to Debt）和现金结余（Cash Surplus）、CEO任期（Tenure）和CEO年龄（CEOage）、CEO性别（CEOGD）、企业高管现金薪酬（Comp）。

三、变量定义

（一）被解释变量

H1 的被解释变量是企业总体风险承担水平，在前期文献（孙桂琴、马超群和王宇嘉，2013；王栋和吴德胜，2017；Ferris、Javakhadze 和 Rajkovic，2017；Cain 和 McKeon，2016）基础上，我们用四种指标测量公司风险承担。

第一个指标是股票收益率的波动性。

当检验管理者股票期权对风险承担激励的影响时，公司未来股票收益率的波动率是管理者事后风险承担成果的一个直接度量。股票收益率波动性越高，则代表公司风险更大。我们采用 100 周内股票周收益率年化波动率来计算这个指标。在稳健性检验中，我们使用 24 个月的股票月收益率年化波动率重新计算该指标。这个指标的优点是相对于会计指标，作为市场指标的股票收益率波动性更不容易被操纵。

关注股票收益率也许只能提供效果较差的证据，因为在一个有效的市场中，股票收益率有前瞻性，可能在管理者采取行动前包含了预期回报（Hanlon 和 Heitzman，2009）。通过使用会计盈余波动性，可以避免这个问题。会计盈余波动性是各种管理者风险承担行为后果的汇总指标。前期研究表明，较大的公司经营风险会导致更大的会计盈余波动性（余明桂等，2013；John、Litov 和 Yeung，2008；Faccio、Marchica 和 Mura，2016；Ferris、Javakhadze 和 Rajkovic，2017），因此在市场指标之外，我们又利用 3 个会计业绩波动性指标衡量企业总体风险承担水平，包括总资产收益率的波动性、净资产收益率的波动性和投入资本净利率的波动性。其中：

总资产收益率（Roa）等于净利润与平均总资产的比率。

净资产收益率（Roe）等于净利润与平均所有者权益的比率。

投入资本净利率等于净利润与平均投入资本的比率。投入资本净利率（Roic）能反映公司全部投入资本的净利润业绩。投入资本包括全部的债务资本和权益资本。具体算法是：投入资本 = 股权权益（不含少数股东权益）+ 负债合计 - 无息流动负债 - 无息长期负债。

总资产收益率的波动性（Varroa）能反映公司总资产盈利能力的风险，净资产收益率的波动性（Varroe）既反映了公司项目的风险也反映了资本结构中使用杠杆导致的额外风险。

投入资本净利率的波动性（Varroic）可以直接衡量企业的资本投资风险，因为投入资本净利率测量了企业全部债务资本和权益资本的投资业绩。使用有更多风险的投资项目会改变公司未来盈余和投资回报率，因此投入资本净利率的波动性能直接测量资本投资风险。任何投资政策的变化都可能改变投入资本净利率的分布。

第 t 年管理者股票期权提供的风险承担激励会影响管理者的行动，这应该能反映在从 t+1 到 t+3 年的未来的会计盈余波动性。在基本回归分析部分，我们使用未来 3 年期的总资产收益率滚动标准差、净资产收益率滚动标准差、投入资本净利率滚动标准差来计算总资产收益率的波动性（Varroa）、净资产收益率波动性（Varroe）和投入资本净利率波动性（Varroic）。例如，样本公司第 t 年的总资产收益率波动性等于从 t+1 到 t+3 年的总资产收益率的标准差。在稳健性检验中，本书使用 4 年期间的会计收益率的滚动标准差重新计算了上述三个会计波动性指标。

在一些文献中，公司投资回报率等收益率指标往往被定义为息税前收益率，这些文献采用税前收益而不是净利润目的是尽量减少因不同的税务报告导致的公司之间收益估计上的可能偏差。由于本书的研究目的之一是要全面分析影响企业风险承担水平的公司风险决策，而股票期权对企业风险政策的影响还包括纳税政策，所以本书认为用扣除所得税后的净利润计算这三种会计收益率更恰当。因此本书在计算这三个会计收益率指标时均使用净利润，而没有使用利润总额或息税前利润。

在对 H2、H3、H4、H5a、H5b 和 H6 做回归分析时，我们用企业具体政策方面的相应指标衡量企业在投资、融资和税务政策方面的风险承担水平。

在投资政策方面，为验证 H2，我们将被解释变量设置为企业投资规模（Cape），参考 Sanders 和 Hambrick（2007）等做法，采用企业构建固定资产、无形资产和其他长期资产的现金支出的自然对数计算企业投资规模。

为验证 H3，我们设置被解释变量为企业研发支出强度。按照余明贵（2013）等的做法，本书的中国研发支出强度等于企业研发支出金额与期初营业收入之比。

H4 的被解释变量是企业经营集中度，仿照王栋和吴德胜（2016）的做法，我们用赫芬达尔指数来衡量企业经营集中度，具体算法是前五大部门的营业收入的平方和占总营业收入的平方和的百分比。

H5a 和 H5b 的被解释变量是企业财务杠杆，等于年末负债总额占资产总额的百分比。

H6 的被解释变量是企业所得税有效税率，等于所得税费用减去递延所得税费用后再除以息税前利润。

（二）解释变量

本书的解释变量是股票期权的风险承担激励。前期文献中用于衡量股票期权激励的指标主要有两类。早期国外研究大多使用反映持股与否和持股水平的指标，主要包括：是否存在员工股票期权方案的二元变量、期权价值与全部薪酬之比、管理者持有的期权数量等。Lambert、Larcker 和 Verrechia（1991）认为用期权价值而不是敏感性来衡量管理者股票期权激励是不恰当的。Core 和 Guay（2002）对这类指标做了全面分析，他们指出这类指标很少能反映"全部信息"敏感性指标所能反映的方差的 50%~60%。因此，他们建议使用"全部信息"敏感性指标，如 Delta 和 Vega。近期国外研究大多遵从了 Core 和 Guay 的建议，在研究中用 Delta 和 Vega 这类敏感性指标。

国内前期研究大多用管理者持有的股票和期权总数占企业总股数的比率代表股权激励，但实际上管理者持有的股票激励和期权激励对企业风险承担的影响是不一样的，因为期权 Vega 比股票 Vega 高很多倍（Guay，1999）。近期有少量国内文献开始使用 Vega 来衡量股票期权的风险承担激励。

期权 Delta 是期权价值对股票价格变动的一阶偏导数。其数学表达式为：$Delta = \partial V / \partial S$，其中，V 是期权价值，S 是基础股票价格。Delta 是与股票价格的增量变化相关的股票期权价值的变动。Delta 值为 0.5，意味着股票价格每增加 1 元，期权价值则增加 0.5 元。期权 Delta 的范围处于 0~1，深度价外期权的 Delta 接近 0，不支付红利的深度价内期权的 Delta 接近 1。

期权 Vega 是期权价值对股票价格波动率的敏感程度，也就是期权价值对股票价格波动率的一阶偏导数。其数学表达式为：$Vega = \partial V / \partial \delta$，其中，V 代表股票期权的价值，$\delta$ 代表股票价格的波动率。当股票价格变化为 ΔS 时，期权价值的变化就是 $Vega \times \Delta S$。

通常期权 Vega 等于股票价格波动率增加一个百分点（例如，股票价格波动率从 30% 增加到 31%）时的股票期权价值变动。期权 Vega 值为 27，意味着当股票价格波动率变化为 1% 时，期权的价格变化 0.27 元（$= 27 \times 1\%$）。

国外文献通常用布莱克—斯科尔斯期权定价模型计算股票期权的价值。因为

第四章 管理者股票期权风险承担激励对企业风险承担的影响

尽管布莱克—斯科尔斯公式存在诸多不足之处，但仍是在实务中应用最广的期权定价方法。本书研究的主要对象就是股票期权激励的风险承担激励效果，因此按照最近文献的做法，本书也用期权 Vega 衡量管理者股票期权的风险承担激励。

本书参考 Guay（2009）以及王栋、吴德胜（2016）等的做法，采用布莱克—斯科尔斯—莫顿公式计算期权价值、期权 Delta 和期权 Vega，并用管理者股票期权的 Vega 值衡量管理者股票期权的风险承担激励。具体计算方法如下：

$$\text{Optionvalue} = (S-D)N(Z) - K e^{-rT} N(Z-\sigma\sqrt{T}) \quad (4-4)$$

$$\text{Delta} = n(S-D)N(Z)/100 \quad (4-5)$$

$$\text{Vega} = n(S-D)\sqrt{T} N'(Z) \times 0.01 \quad (4-6)$$

其中：

Optionvalue 是用布莱克—斯科尔斯—莫顿公式计算的每一份欧式看涨期权的价值。

Delta 是管理者全部期权财富对股票价格变动的敏感性，是公司股票价格变动 1% 时，管理者拥有的全部期权价值变动的金额，等于每股期权的 Delta 乘以管理者持有的期权数量。

Vega 是管理者全部期权财富对股票收益波动性的敏感性，是股票收益年化波动率变化 1% 时管理者持有的股票期权价值变动的金额，等于每股期权的 Vega 乘以管理者持有的期权数量。

其余参数定义如下：

S 代表年末股票收盘价。

T 是第 t 年末剩余有效期（以年度为单位）。

r 是期权有效期对应无风险利率，本书用与有效期对应的国库券利率来代表无风险利率。

D 代表在期权有效期内支付的现金股利的现值，等于各年支付股利金额用无风险利率折现后的金额。

N(Z) 表示正态分布累积分布函数。

N'(Z) 表示正态分布密度函数，其中：

$$Z = \left(\ln\left(\frac{S-D}{K}\right) + \left(r + \frac{\delta^2}{2}\right)T\right)\frac{1}{\delta T}$$

其中，δ 是股票收益的年化波动率，采用年末前 52 周的年化波动率，也就是股票收益率的年化标准差。n 是管理者持有的股票期权数量。

为计算管理者全部期权 Vega，需要得到管理者持有的期权数量。本书以首次公告的股票期权激励计划草案中的期权数量为基础，逐年进行调整，主要调整项目为各期期末因除权等原因而变动的期权数量。本书没有剔除有效期满后高管放弃行权的样本。原因在于作为一种长期激励制度，股票期权自授予之日起，就开始影响管理者的决策和行动，由于政策及其实施效果的延续性和滞后性，这种影响不仅局限于激励有效期内，也会延续到有效期期满之后的一定年限。本书研究的股权激励效果的时间跨度最多是 4 年，因此没有必要考虑期满时管理者行权与否对激励效果的影响。

（三）控制变量

为控制遗漏变量，我们根据前期研究确定了回归等式中的控制变量（例如 John、Litov 和 Yeung，2008；Cassell、Huang、Sanchez 等，2012；Faccio、Marchica 和 Mura，2016；Cain 和 McKeon，2016），包括期权 Delta、企业年限（Lnage）和规模（Size）、市账比（Mtb）和销售增长率（Growth）、股票回报率（Return）、权益负债比率（Equity to Debt）和现金结余（Cash Surplus）、CEO 任期（Tenure）和 CEO 年龄（CEOage）、CEO 性别（CEOGD）、企业高管现金薪酬（Comp）。

控制期权 Delta 是因为前期研究表明，期权 Delta 能影响管理者的风险偏好，但目前对于这种影响的具体方向尚无一致结论。期权 Delta 越高，管理者与股东的利益联结越紧密，从而会增加向债权人转移风险的激励，此外，如果高净现值的项目趋向高风险，增加的 Delta 可能提供了实施更高风险项目的激励。另外，更高的 Delta 将管理者暴露于更多风险中，在这种情况下管理者也可能选择风险更低的项目（Smith 和 Stulz，1985）。

参考 Guay（1999），Cassell、Huang 和 Sanchez 等（2012）的做法，我们控制了高管现金薪酬（Comp），Comp 等于全部高管现金薪酬的自然对数。高管现金薪酬反映了管理者外部财富的多样化程度，也会影响管理者的风险偏好。

我们控制了企业年限和规模。其中，企业年限（Lnage）等于企业成立年限的自然对数。规模（Size）等于总资产的自然对数，这两个变量代表与企业生命周期相关的企业风险的系统性变化（Pastor 和 Veronesi，2003）。

前期研究表明，风险相关的投资不足问题可能在有更多有价值的投资机会的公司更严重（Milgrom 和 Roberts，1992），而高增长的公司倾向于承担更多风险（Coles、Daniel 和 Naveen，2006）。例如，Hirshleifer 和 suh（1992）指出，有很多有风险的成长机会的公司应雇用喜欢承担风险的管理者。Guay（1999）提供证据也证明，当存在投资不足时，受到激励的管理者会投资有风险的项目。就管理者能通过对项目的选择控制公司的风险状况来说，事后的管理者风险承担结果是公司投资机会的函数。通过包含市账比（Mtb）和销售增长率（Growth），我们控制了公司的增长和投资机会。我们用普通股市场价值与账面价值的比率计算市账比（Mtb），销售增长率等于当期营业收入增长额占上期营业收入的百分比。

在回归方程中，也包括了股票收益率变量（Return），目的是控制公司以前年度的业绩。因为在一个竞争性的信贷市场上，管理者风险承担行为被解释为会导致财务危机和破产的概率增加，从而会增加公司的融资成本。因此，当做出投资决策时，过去的业绩可能对公司风险承担产生影响，管理者需要在最大化预期薪酬和破产之间做出恰当的权衡。本书预期代表事后风险承担成果的未来盈余（股票收益率）波动性会受到前期股票收益率所反映的公司财务实力的约束。

我们用权益负债比（Equity to Debt）和现金结余（Cash Surplus）控制了历史财务决策和内部资本的可获得性。权益负债比等于年末普通股市值与负债之比。借鉴 Ferris、Javakhadze 和 Rajkovic（2017）的方法，本书中的现金结余等于经营活动净现金流减去折旧费用加上研究和开发费用再除以总资产。将权益负债比和现金结余包括在回归方程中，是因为他们会影响与代理问题有关的管理者风险态度的形成。Myers 和 Majluf（1984）发现，信息不对称导致外部资金比其在完美的市场中更昂贵，这是因为外部人不能辨别有高质量项目的公司和有低质量项目的公司。另外，现有文献已证明，公司受内部资金约束越多，在贷款给这些公司时，逆向选择和道德风险问题会越严重，因此更高的代理成本与外部资金有关（Lehn 和 Poulsen，1989）。因此，内部资金更少的公司会面临更高的资本边际成本，从而会放弃一些有价值的增加风险的项目，导致投资不足。此外 Jenson 等（1983，1979）主张，帝国建造的偏好会导致管理者将所有可以得到的资金花费于投资项目。这意味着风险会随着自由现金流的增加而增加。因而，本书预计权益负债比和现金结余程度会对作为投资决策结果的事后风险承担水平产生正向影响。

将 CEO 任期包含在回归公式中，是因为前期研究提示，CEO 任期会影响管理者的风险偏好。Dechow 和 Sloan（1991）指出，当 CEO 临近退休时，增加的股权激励可以用于抵消可能存在的视野问题。从这种职业关注的观点看，当前业绩对未来薪酬的影响也会影响管理者的风险承担行为。Gibbons 和 Murphy（1992）认为，对于临近退休的 CEO，薪酬合约中的显性激励是最强的，因为有关职业生涯的考虑产生的隐性激励对于这些 CEO 来说是最弱的。他们推论，CEO 能力的不确定性会随着时间推移而解决。由于这种 CEO 能力的不确定性会产生风险，股东有可能对他们施加更多激励。而且，Palia（2001）和 Mibourn（2003）发现，CEO 的经历和声誉分别与 CEO 股权激励正相关。此外，由于 CEO 临近退休，他们可能更倾向于放弃有价值的项目，并实施风险更少的政策，比如更低的杠杆、更少投资于研发，或更多投资于厂房机器和设备。来自风险项目的薪酬可能回报给继任者。结果，如果 CEO 薪酬业绩指标不仅是股权基础，而且也包括利润基础，当前 CEO 可能会吃亏。Cohen、Hall 和 Viceira（2000），Coles、Daniel 和 Naveen（2006），Hirshleifer 和 Suh（2012），Cain 和 Mckeon（2016）等在研究中用 CEO 任期、CEO 年龄和 CEO 性别作为 CEO 风险厌恶的代理变量。管理者年龄（CEOage）也可被用作职业关注的代理变量（Gibbons 和 Murphy，1992）。管理者任期的对数也被作为 CEO 声望、经历和视野问题的代理变量。本书在回归中包含了上述变量。我们分别用 CEO 的年龄和任期取对数来计算 CEO 年龄（CEOage）和任期（Tenure），而 CEO 性别是一个虚拟变量（CEOGD），当性别为男时取 1，为女时取 0。

为控制内生性问题，在所有的回归方程中，控制变量取值都比被解释变量滞后一期。控制变量具体定义如表 4-1 所示。

表 4-1 股票期权激励对企业风险承担影响回归分析中的主要变量定义

	变量名称	变量符号	变量定义
被解释变量	企业总体风险承担水平	Var	股票收益率的年化波动率
		Varroa	总资产收益率的标准差
		Varroe	净资产收益率的标准差
		Varroic	投入资本净利率的标准差
	投资规模	Cape	构建固定资产、无形资产和其他长期资产的现金支出之和的自然对数
	研发投资强度	Rd	研发支出占销售收入百分比
	经营集中度	Focus	前五大部门的营业收入的平方和占总营业收入平方和的百分比
	财务杠杆	Lev	负债总额占资产总额的百分比
	有效税率	Etr	（所得税费用－递延所得税费用）/息税前利润
解释变量	股票期权风险承担激励	Vega	股票收益率波动率变动 1% 时，管理者持有的股票期权价值变动的金额

续表

	变量名称	变量符号	变量定义
控制变量	期权 Delta	Delta	股票价格变动 1% 时管理者持有的股票期权价值变动的金额
	高管薪酬	Comp	全部高管现金薪酬的自然对数
	企业年限	Lnage	公司成立年限的自然对数
	企业规模	Size	公司资产总额的自然对数
	市账比	Mtb	每股市值与每股净资产之比
	销售增长率	Growth	营业收入增长额占上期营业收入的百分比
	股票收益率	Return	股票年化收益率
	权益负债比率	Equity to Debt	年末普通股市值与负债总额之比
	现金结余	Cash Surplus	经营活动净现金流减去折旧费用加上研究和开发费用再除以总资产
	CEO 任期	Tenure	CEO 在本企业任职年限的自然对数
	CEO 年龄	CEOage	CEO 年龄的自然对数
	CEO 性别	CEOGD	CEO 性别为男时取 1，否则取 0

第三节 实证结果

一、描述性统计和相关性分析

表 4-2 是 2006~2016 年宣告实施股票期权激励的公司和样本分布情况。由于我们的研究需要用到滞后一年的数据，所以不包括 2017 年宣告实施股票期权激励的公司。从表 4-2 可以看出，截至 2016 年，实施股票期权激励的公司有 303 家。按照产权性质划分，其中国有企业 46 家，非国有企业 257 家，民营企业占大多数。原因可能是由于面临对国有资产流失的担忧和争议，国有企业实施股权激励制度比较谨慎。因而，我们所研究的样本绝大部分是民营企业样本。从年度分布上看，可以看出实施股权激励的公司数量从 2016 年开始总体上呈现逐年上升，到 2013 年达到一个峰值，随后稍有回落。

表4-2 实施股票期权激励的公司样本分布

年份	公司个数			样本量		
	国有	民营	公司个数总计	国有	民营	总样本数
2006	3	12	15	3	12	15
2007	4	2	6	3	14	17
2008	2	9	11	7	23	30
2009	4	2	6	9	25	34
2010	4	18	22	13	43	56
2011	4	31	35	17	74	91
2012	4	35	39	21	109	130
2013	4	56	60	25	165	190
2014	4	40	44	29	205	234
2015	5	25	30	34	230	264
2016	8	27	35	42	257	299
总样本数	46	257	303	203	1157	1360

表4-3是主要变量的描述性统计。其中，以股票收益波动率衡量的样本企业风险承担水平的最大值为148.7，最小值接近于0，而且四个会计盈余波动性指标的标准差也较大，这说明我国A股上市公司的风险承担程度有很大差异。授予管理者期权Delta的均值为1.154，标准差为1.757，而期权Vega的均值为7.684，标准差为6.227，说明样本公司管理者的期权Delta和Vega的分布比较均衡。从市账比和销售增长率指标的统计数据可以看出，样本公司成长能力比较强，这说明成长性好的公司往往更喜欢授予员工股票期权。从杠杆水平可以看出，样本公司的杠杆水平处于中等水平，但差异较大。从获利能力看，样本公司的股票回报率比较高。

表4-3 主要变量的描述性统计

variable	mean	p50	sd	min	max	N
Var	22.76	3.406	13.25	0.020	148.7	1360
Varroe	62.66	8.571	20.57	0.039	157.4	1360
Varroa	14.28	2.313	41.82	0.015	222.2	1360
Varroic	27.16	4.102	29.81	0.020	189.6	1360
Cape	18.8	18.77	1.470	14.70	22.52	1360

续表

variable	mean	p50	sd	min	max	N
Focus	15.81	12.74	11.42	1.223	54.72	1360
Rd	1.204	0.789	1.696	0	7.543	1360
Lev	42.97	43.12	20.20	4.745	84.89	1360
Etr	0.201	0.179	0.158	−0.187	1.045	1360
Vega	7.684	6.227	6.110	0.000	50.01	1360
Delta	1.154	0.534	1.757	0.004	10.10	1360
Comp	6.271	6.200	0.751	4.716	8.591	1360
Lnage	2.758	2.773	0.310	1.946	3.497	1360
Size	22.28	22.05	1.261	20.19	26.00	1360
Mtb	4.482	3.753	2.763	1.091	14.82	1360
Growth	22.22	16.44	31.72	−37.43	155.4	1360
Return	34.24	32.78	31.83	−34.83	126.0	1360
Equity to Debt	111.3	489.1	189	31.19	1300	1360
Cash Surplus	0.044	0.042	0.075	0.017	0.257	1360
Tenure	1.384	1	2.805	0	3.045	1360
CEOage	3.858	3.871	0.125	3.526	4.143	1360
CEOGD	0.933	1	0.250	0	1	1360

表4-4报告了主要变量的Pearson相关系数。从表中可以看出，期权Vega与四个衡量企业总体风险承担水平的变量均显著正相关，与五个企业政策选择方面的风险承担指标之间也显著正相关。相关分析的结果初步支持本书关于股票期权风险承担激励能促进企业风险承担的假说，并且除了几个企业总体风险承担指标之间的相关系数大于0.5之外，其余变量之间的相关系数都小于0.5，说明不存在严重的多重共线性问题。

表4-4 变量的Pearson相关系数

	Var	Varroe	Varroa	Varroic	Cape	Focus	Rd
Var3	1						
Varroe3	0.7588***	1					
Varroa3	0.8725***	0.7945***	1				
Varroic3	0.8432**	0.8546***	0.9416***	1			

续表

	Var	Varroe	Varroa	Varroic	Cape	Focus	Rd
Cape	0.0491**	0.00240*	0.0653*	0.0313*	1		
Focus	0.0311**	0.0488*	0.0192*	0.0367*	0.0303*	1	
Rd	0.0770*	0.1019*	0.0873*	0.0959*	0.0576*	0.0210*	1
Lev	0.1082*	0.1901*	0.0536	0.1153*	0.2318	0.0393	−0.2110*
Etr	−0.1310*	−0.1496*	−0.1450*	−0.1484*	−0.0443	0.0698	−0.0599
Vega	0.0126***	0.0578***	0.00750***	0.0227***	0.3379***	0.0301***	0.1087***
Delta	−0.1710***	−0.1786***	−0.1148***	−0.1457***	−0.2932***	−0.1022***	−0.1428***
Comp	−0.1311**	−0.0533**	−0.1156**	−0.1000**	−0.3095**	−0.0995**	−0.0030**
Lnage	−0.0020**	−0.0366***	−0.0054***	−0.0191***	−0.0172*	−0.0743*	−0.0319*
Size	−0.0562**	−0.0201**	−0.0679***	−0.0279***	0.5115***	−0.0791	0.1622
Mtb	0.0734***	0.0583**	0.1032*	0.0926*	0.1435*	0.00260	0.2497*
Growth	0.0316**	0.0568**	0.0351**	0.0520**	0.0724*	0.00730*	0.0322*
Return	0.0612**	0.0637**	0.0350**	0.0581**	0.1183*	0.0920*	0.2515*
Equity to Debt	0.00330	0.0552	0.0378	0.00600	0.2010*	0.0234	0.1541*
Cash Surplus	0.1252**	0.1149**	0.1075**	0.0794**	0.1571**	0.00960**	0.0375**
Tenure	0.0805*	0.0881*	0.1027*	0.1001*	0.1947*	0.00660*	0.1786*
CEOage	−0.0561***	−0.0485***	−0.0774***	−0.0937*	−0.0974*	−0.0461*	−0.0830*
CEOGD	−0.1040*	−0.0460	−0.0544	−0.0368	−0.0711*	−0.0886*	−0.0481
	Lev	Etr	Vega	Delta	Comp	Lnage	Size
Lev	1						
Etr	0.1505*	1					
Vega	0.3338***	−0.0831***	1				
Delta	−0.3774***	0.0334***	0.4660*	1			
Comp	−0.3485**	0.0367**	−0.4726**	0.4417*	1		
Lnage	−0.2042*	0.0177*	−0.1338*	0.1646*	0.2053*	1	
Size	0.6178**	0.0518**	−0.4739*	0.4639*	0.4560*	0.2910*	1
Mtb	0.1672*	−0.0209*	0.1019*	0.1556*	−0.1650*	−0.0761*	−0.2981*
Growth	0.0445*	−0.0272*	0.0489*	0.0119*	−0.0319	−0.1158*	−0.0110
Return	0.0731*	0.0332*	−0.0394	0.0133	−0.1197*	−0.0021	−0.1311*
Equity to Debt	0.6025*	−0.0809*	0.1542*	−0.1834*	−0.1758*	−0.0957*	−0.3328*
Cash Surplus	0.2811*	−0.0203	0.0001*	−0.0314	−0.00230	−0.1021*	−0.1072*

续表

	Lev	Etr	Vega	Delta	Comp	Lnage	Size
Tenure	-0.00550	-0.0082	0.0928*	0.0676	0.1671*	0.1986*	0.1323*
CEOage	-0.0704**	0.0586**	0.0094	0.0625	0.0959*	0.1570*	0.0389
CEOGD	-0.0212	0.0291	-0.0391*	0.0711*	0.0423	-0.00440	-0.00230

	Mtb	Growth	Return	Equity to Debt	Cash Surplus	Tenure	CEOage	CEOGD
Mtb	1							
Growth	0.2215*	1						
Return	0.5785*	0.2524*	1					
Equity to Debt	0.4822*	0.0351	0.2266*	1				
Cash Surplus	0.2095*	0.0584*	0.0465*	0.2406*	1			
Tenure	-0.0539	-0.0887*	-0.000100	-0.0241	0.0292	1		
CEOage	-0.00270	-0.1045*	-0.0468	0.0723*	0.00560	0.2326*	1	
CEOGD	0.0134	0.0183	-0.0257	0.0524	0.0716*	0.0817*	0.0405	1

注：*、**、***分别表示在10%、5%、1%的水平上显著。

二、回归分析

（一）股票期权风险承担激励对企业总体风险承担水平的影响

我们的第 1 个假设预测：股票期权风险承担激励对公司总体风险承担有正的影响。我们对回归方程式（4-2）进行了实证检验。表（4-5）列示了股票期权风险承担激励与企业总体风险承担水平的固定效应回归结果。其中，第（1）列的被解释变量是用股票收益率波动性衡量的企业总体风险承担，此处的股票收益波动性等于100周内股票周收益率年化波动率。我们发现，股票期权风险承担激励（Vega）的估计系数在1%的显著性水平上为正。

第（2）～第（4）列分别使用总资产收益率标准差、净资产收益率标准差和投入资本净利率标准差衡量企业总体风险承担。我们发现管理层股票期权风险承担激励的系数显著为正。

总之，由表4-5第（1）至第（4）列的结果可以看出，无论是以市场指标还是以会计指标衡量，企业总体风险承担水平都与股票期权风险承担激励显著正相关，这说明由于管理者持有的股票期权薪酬会随着股票收益波动性地增加而增加，股票期权能够减轻管理者的风险厌恶程度,使其努力提高企业的风险承担水平。

其他控制变量的回归结果大部分与前期文献一致。例如,期权 Delta 与企业风险承担程度在 10% 的水平上显著负相关,说明股票期权的利益协同效应可能加剧管理者的风险厌恶,这与王栋和吴德胜(2016)等的研究结论一致;公司规模(Size)对企业总体风险承担的回归系数为负。这与 Ferris、Javakhadze 和 Rajkovic(2017)的发现一致,原因可能是由于规模较大,大公司及其管理者受到媒体、公众和监管部门的关注更多,即使实施股票期权激励,管理者也会谨慎行事,故其股票收益和会计收益都相对稳定。获利能力(Return)与企业风险承担正相关,说明获利能力强的公司有更多资源支持管理者从事增加公司风险承担水平的活动。市账比(Mtb)与企业风险承担水平显著正相关,说明投资机会较多的企业,其风险承担水平会较高;管理者现金薪酬(Comp)与企业风险承担水平负相关,说明中国管理者薪酬越高,其风险厌恶程度也较大,越可能产生壕堑效应。这与 Ferris、Javakhadze 和 Rajkovic(2017)等的研究结论一致。CEO 年龄与企业总体风险承担水平在 10% 的显著性水平上负相关,说明年龄较大的 CEO 倾向于回避风险。企业成立年限(Lnage)与风险承担负相关,说明在我们的样本中成立年限较长的企业其市场业绩和会计业绩都比较平稳。

也有部分控制变量的回归结果与前期文献不同。其中,高管的任期(Tenure)同风险承担正相关,原因可能是我们研究的样本公司本身成立时间不太长,其高管任期也较短,高管的视野问题并不明显。

综合表 4-5 的回归结果可知,在控制其他影响企业总体风险承担水平的因素后,管理者股票期权的风险承担激励越高,则企业总体风险承担水平越高。这说明管理者股票期权激励可以降低管理者的风险厌恶,最终增加了企业的风险承担水平,该结果支持 H1。

表 4-5 股票期权风险承担激励与企业总体风险承担水平的回归结果

变量	被解释变量——企业总体风险承担水平			
	Var	Varroe	Varroa	Varroic
	(1)	(2)	(3)	(4)
Vega	1.479***	2.247**	0.296***	0.878**
	(3.06)	(2.39)	(3.89)	(2.08)
Delta	-40.231*	-35.942*	-10.401*	-15.691*
	(-1.64)	(-1.90)	(-2.15)	(-2.41)

续表

变量	被解释变量——企业总体风险承担水平			
	Var	Varroe	Varroa	Varroic
	(1)	(2)	(3)	(4)
Comp	-19.226*	-57.338***	-15.469***	-32.511***
	(-1.83)	(-2.79)	(-2.65)	(-3.54)
Lnage	-81.317*	-158.547*	-42.363*	-102.048***
	(-1.88)	(-1.89)	(-1.82)	(-2.70)
Size	-26.031**	-32.8311*	-13.6121**	-24.290**
	(-2.20)	(-1.77)	(-2.55)	(-2.35)
Mtb	2.910*	2.691*	0.653*	1.644*
	(1.72)	(1.82)	(1.80)	(1.81)
Growth	0.091*	0.352*	0.041*	0.126*
	(1.72)	(1.84)	(1.75)	(1.77)
Return	0.435***	0.381*	0.140*	0.187**
	(4.16)	(1.87)	(1.69)	(2.05)
Equity to Debt	0.006	0.004	0.002	0.002
	(1.60)	(0.53)	(1.28)	(0.73)
Cash Surplus	62.187**	59.561**	34.930**	56.599**
	(2.55)	(2.28)	(2.28)	(2.27)
Tenure	3.366**	1.580	0.761	0.876
	(2.40)	(0.58)	(1.40)	(0.71)
CEOage	-71.601*	-45.874*	-33.635*	-53.784*
	(-1.82)	(-1.89)	(-1.89)	(-1.79)
CEOGD	-40.282	-73.553	-36.189	-42.350
	(-1.12)	(-1.65)	(-1.56)	(-1.01)
_cons	36.671***	76.865***	39.005**	52.038***
	(3.93)	(2.97)	(2.20)	(3.62)
FE	控制	控制	控制	控制
N	1360	797	797	797
r2_w	0.240	0.086	0.131	0.104
F	13.315	3.955	11.488	4.878

注：*、**、***分别表示在10%、5%、1%的水平上显著。

(二) 管理者股票期权风险承担激励对企业政策的影响

在这一部分,我们将调查管理者股票期权风险承担激励对企业政策中的风险承担的影响。我们的假设预计,风险承担激励水平较高的管理者会采用风险更大的投资、融资和纳税政策。

首先,本书检查了管理者股票期权对以投资规模、研发支出强度以及公司经营集中度为代理变量的投资政策的影响。前期研究表明(Kim、Patro 和 Pereira,2007;Coles、Hall 和 Viceira,2006),投资规模意味着管理者投入更大的赌注,研发支出比其他投资选择风险更大,此外 CEO 会通过在行业部门的多种经营改变投资风险(Amihud 和 Lev,1981;Coles、Hall 和 Viceira,2006)。因此,根据 H2 至 H4,管理者股票期权风险承担激励会对资本支出规模、研发强度和投资集中度有正面影响。

其次,本书检查管理者股票期权风险承担激励对用全部负债与全部资产的比率表示的财务杠杆估计的企业资本结构的影响。本书的 H5a 和 H5b 提出,股票期权激励对企业财务杠杆的影响是一个需要实证检验的问题,因而其方向是不确定的。

最后,本书检查了管理者股票期权风险承担激励对企业纳税政策的影响,采用企业所得税的有效税率衡量企业纳税政策。本文预计,管理者股票期权风险承担激励越强,则企业的纳税政策越激进,从而会导致较低的有效税率。

为验证 H2、H3、H4、H5a、H5b 和 H6,我们利用回归方程式(4-3),分别执行管理者股票期权风险承担激励对企业政策的回归分析。在表4-6中,第(1)列至第(5)列的被解释变量分别是投资规模(Capx)、研发支出强度(Rd)、经营集中度(Focus)、财务杠杆(Lev)和有效税率(Etr)。

表4-6 股票期权风险承担激励对企业政策的影响

变量	被解释变量				
	Capx	Rd	Focus	Lev	Etr
	(1)	(2)	(3)	(4)	(5)
Vega	0.002**	0.002***	0.002**	0.137**	-0.001***
	(2.44)	(3.25)	(2.05)	(2.12)	(-3.79)
Delta	-0.093*	-0.040*	-0.255*	-2.555***	0.019*
	(-1.71)	(-1.73)	(-1.70)	(-3.62)	(1.71)
Comp	-0.130	-0.002	-2.400***	-3.383**	0.032
	(-1.19)	(-0.01)	(-2.88)	(-2.40)	(1.20)

第四章 管理者股票期权风险承担激励对企业风险承担的影响

续表

变量	被解释变量				
	Cape	Rd	Focus	Lev	Etr
	(1)	(2)	(3)	(4)	(5)
Lnage	-1.127**	-5.713***	-9.614***	-2.358*	0.128*
	(2.51)	(7.47)	(2.86)	(1.84)	(-1.88)
Size	0.654***	0.321	-1.005	4.716***	0.057*
	(5.33)	(1.54)	(-1.04)	(2.97)	(1.91)
Mtb	0.013*	0.103***	0.035**	0.262**	-0.003*
	(1.72)	(3.46)	(2.27)	(2.25)	(-1.86)
Growth	0.001	0.001	0.001	0.002	-0.000
	(1.10)	(0.65)	(0.08)	(0.13)	(-0.33)
Return	0.001**	0.011***	0.011*	0.029**	0.000*
	(2.17)	(5.77)	(1.84)	(2.06)	(1.86)
Equity to Debt	0.000*	0.000	0.000	0.002	-0.000
	(1.77)	(-1.20)	(0.71)	(0.95)	(0.95)
Cash Surplus	0.048*	0.758*	0.987*	8.701*	-0.197*
	(1.70)	(1.78)	(1.73)	(1.80)	(-1.78)
Tenure	0.014	0.013	0.017	0.181	-0.003
	(0.93)	(0.54)	(0.16)	(0.96)	(-0.94)
CEOage	-0.150	-0.592	-2.334	-12.636**	0.080
	(-0.33)	(-0.76)	(-0.72)	(-2.13)	(0.72)
CEOGD	-0.015	-0.034	-0.164	-6.659	0.023
	(0.06)	(-0.08)	(-0.09)	(-1.17)	(0.41)
_cons	5.982**	-4.422*	39.008**	10.810*	-0.632*
	(2.43)	(-1.85)	(2.40)	(1.84)	(-1.86)
FE	控制	控制	控制	控制	控制
N	1360	1360	1360	1360	1360
r2_w	0.199	0.229	0.187	0.193	0.129
F	4.603	12.468	1.962	4.692	1.274

注：*、**、***分别表示在10%、5%、1%的水平上显著。

回归结果表明，管理者股票期权风险承担激励（Vega）的系数在第（1）至第（4）列为正，在第（5）列显著为负，说明激励强度越高，则企业会采用风险越大的投资、融资和纳税政策。

其他控制变量的回归结果也大多比较合理。其中，期权 Delta 与企业风险政策负相关，说明管理者期权薪酬对股票价格越敏感，则其风险厌恶越强，这会阻止管理者采用有风险的政策。公司规模与投资规模和财务杠杆显著正相关，原因是规模大的公司会有更多的投资需求和投资能力，也有更大的借款能力。公司规模与企业有效税率正相关，可能是因为规模大的公司会受到更多的关注，影响其采用激进的纳税政策。

三、稳健性检验

（一）仅使用民营企业样本

由于国有企业薪酬方案的制定可能受更多非市场化因素的影响，并且国有企业在选择公司政策时，可能会有较多社会责任和政治方面的考虑。因此，下面剔除国有企业样本，仅对民营企业样本做回归分析，回归结果如表4-7和表4-8所示。由表4-7可以看出，在第（1）列至第（4）列中，股票期权风险承担激励（Vega）的系数都至少在5%的显著性水平上为正，说明民营企业授予管理者的股票期权具备风险承担激励效应，能够激励风险厌恶的管理者提高企业的风险承担水平。

表4-7 民营企业股票期权风险承担激励对企业总体风险承担水平的影响

变量	被解释变量			
	Var	Varroe	Varroa	Varroic
	（1）	（2）	（3）	（4）
Vega	1.600*** (3.09)	2.575** (2.59)	0.427*** (3.23)	1.036** (2.51)
Delta	-20.426*** (-7.21)	-12.519*** (-3.02)	-9.471* (-1.91)	-14.249*** (-3.20)
Comp	-15.006 (-1.26)	-64.494*** (-2.83)	-13.393** (-2.09)	-30.266*** (-3.20)
Lnage	-17.224** (-2.03)	-51.916** (-2.48)	-69.849** (-2.02)	-44.368*** (-3.43)
Size	-26.474** (-1.97)	-33.425* (-1.80)	-13.515** (-2.18)	-23.547** (-2.21)

续表

变量	被解释变量			
	Var	Varroe	Varroa	Varroic
	(1)	(2)	(3)	(4)
Mtb	2.789**	1.496**	0.559*	1.114*
	(2.48)	(2.41)	(1.80)	(1.84)
Growth	0.011*	0.254*	0.020*	0.031*
	(1.70)	(1.71)	(1.78)	(1.76)
Return	0.373***	0.076*	0.042*	0.030*
	(3.05)	(1.82)	(1.80)	(1.81)
Equity to Debt	0.007	0.003	0.001	0.001
	(1.39)	(0.37)	(0.54)	(0.24)
Cash Surplus	98.980**	91.957*	28.087**	44.844*
	(2.43)	(1.90)	(2.40)	(1.76)
Tenure	3.712**	0.189	0.496	0.223
	(2.23)	(0.06)	(0.73)	(0.17)
CEOage	-86.264*	-97.677*	-20.438*	35.249*
	(-1.77)	(-1.78)	(-1.78)	(-1.76)
CEOGD	-50.481***	-70.700	-30.077	-38.263*
	(-5.87)	(-1.44)	(-1.20)	(-1.88)
_cons	9.568***	23.229*	20.030*	27.133**
	(3.37)	(1.91)	(1.66)	(2.45)
FE	控制	控制	控制	控制
N	1157	670	670	670
r2_w	0.245	0.079	0.121	0.095
F	11.177	2.941	1.435	3.612

注：*、**、***分别表示在10%、5%、1%的水平上显著。

由表4-8可以看出，在第（1）列至第（4）列中，股票期权风险承担激励（Vega）的系数都至少在5%的显著性水平上为正，说明民营企业管理者的股票期权能激励企业扩大投资规模，提高投资强度，增加经营集中度和财务杠杆。在第（5）列中，期权Vega的系数显著为负，说明股票期权能促使企业采用更加激进的避税政策。总之，这些回归结果说明管理者股票期权风险承担激励能够激励风险厌恶的管理者提高企业的风险承担水平。

表 4-8 民营企业股票期权风险承担激励对企业政策选择影响

变量	被解释变量				
	Cape	Rd	Focus	Lev	Etr
	(1)	(2)	(3)	(4)	(5)
Vega	0.004**	0.006**	0.001**	0.169**	-0.001**
	(2.09)	(2.39)	(2.33)	(2.43)	(2.31)
Delta	-12.03**	-3.6*	-3.51**	-2.384***	0.013*
	(-2.08)	(-1.70)	(-2.84)	(-3.17)	(0.97)
Comp	-0.077*	-0.031*	-3.803***	-4.339***	0.048
	(-1.83)	(-1.76)	(-3.63)	(-2.72)	(1.84)
Lnage	-1.250**	-5.644***	-11.153**	-7.812*	0.132*
	(-2.30)	(-6.69)	(-2.57)	(-1.80)	(1.81)
Size	0.638***	0.434**	-1.300	4.725***	0.035*
	(4.63)	(2.03)	(-1.09)	(2.64)	(1.85)
Mtb	0.012*	0.103***	0.093*	0.365*	-0.004*
	(1.74)	(3.42)	(1.78)	(1.73)	(-1.80)
Growth	0.000*	0.001*	0.001*	0.005*	-0.000*
	(1.72)	(1.74)	(1.77)	(1.75)	(-1.74)
Return	0.002*	0.010***	0.012*	0.028*	0.000*
	(1.75)	(5.36)	(1.74)	(1.73)	(1.76)
Equity to Debt	0.000	0.000	0.001	0.002	-0.000
	(1.13)	(1.15)	(1.46)	(0.64)	(-0.99)
Cash Surplus	0.081**	0.354**	1.142**	9.269**	-0.236*
	(2.56)	(2.46)	(2.33)	(2.43)	(-1.96)
Tenure	0.006	0.010	0.029	0.205	-0.005
	(0.36)	(0.39)	(0.22)	(0.92)	(-1.15)
CEOage	-0.117	-1.082	-3.906	-16.646**	0.025
	(-0.22)	(-1.32)	(-0.94)	(-2.40)	(0.20)
CEOGD	-0.014	-0.001	-1.540	-9.772*	0.083
	(-0.05)	(-0.00)	(-0.64)	(-1.85)	(1.31)
_cons	7.249***	0.464	33.119	19.835	-0.489
	(2.61)	(0.11)	(1.43)	(0.55)	(-0.73)
FE	控制	控制	控制	控制	控制
N	1157	1157	1157	1157	1157
r2_w	0.085	0.229	0.116	0.121	0.035
F	3.207	10.229	2.037	5.144	1.254

注：*、**、***分别表示在10%、5%、1%的水平上显著。

其他控制变量的研究结论也比较合理，并且大多与全样本回归结果类似。例如，期权 Delta 与企业投资规模、投资强度、经营集中度和财务杠杆均显著负相关，同时与企业有效税率正相关，说明管理者期权薪酬的利益协同效应可能加剧管理者的风险厌恶。公司规模与投资规模和财务杠杆显著正相关，原因是规模大的公司投资能力和借款能力都更强，与全部样本的回归结果类似。公司规模与企业有效税率正相关，可能是因为规模大的公司会受到更多的关注，从而减少了纳税筹划。

总之，对民营企业样本的回归结论表明，管理者股票期权的风险承担激励效应的确能发挥作用，授予管理者股票期权导致企业的总体风险承担水平提升了，而且企业也倾向于选择有更多风险的政策。前面全样本回归的结论仍保持不变。

（二）替换被解释变量

我们用连续 24 周的股票收益波动率重新估算企业风险承担的市场指标（Var1），并且用未来 4 年期间会计盈余的滚动方差来重新估算企业风险承担的会计指标（Varroe1、Varroa1 和 Varroic1），重新回归的结果见表 4-9，H1 仍成立。

表 4-9 替换被解释变量的回归结果

变量	被解释变量			
	Var1	Varroe1	Varroa1	Varroic1
	(1)	(2)	(3)	(4)
Vega	0.367***	0.887**	0.257**	0.292**
	(3.98)	(2.64)	(2.08)	(2.51)
Delta	-2.093***	-24.304***	-4.529***	-10.778**
	(3.51)	(-3.62)	(-4.39)	(-2.54)
Comp	-30.880***	-42.340***	-16.578*	-45.011***
	(-3.78)	(-4.75)	(-1.82)	(-3.64)
Lnage	-5.304**	-15.248**	-20.599**	-10.319**
	(-2.16)	(-2.31)	(-2.33)	(-2.20)
Size	-8.418**	-25.004**	-4.687**	-22.114***
	(-2.92)	(-2.14)	(-2.51)	(-3.59)
Mtb	2.363*	13.223***	1.038**	3.089**
	(1.80)	(2.75)	(2.19)	(2.46)
Growth	0.117*	0.424*	0.072*	0.182*
	(1.74)	(1.72)	(1.71)	(1.78)

续表

变量	被解释变量			
	Var1	Varroe1	Varroa1	Varroic1
	(1)	(2)	(3)	(4)
Return	0.149***	0.578***	0.019**	0.171**
	(2.83)	(3.94)	(2.21)	(2.40)
Equity to Debt	0.002	0.014	0.001	0.006
	(0.77)	(1.28)	(0.67)	(1.30)
Cash Surplus	36.380***	47.613***	43.633**	53.165**
	(3.12)	(3.57)	(2.30)	(2.19)
Tenure	0.850	1.023	0.444	1.241
	(0.78)	(0.26)	(0.79)	(0.75)
CEOage	-31.357*	-95.556	-22.243*	-6.753*
	(-1.81)	(-0.76)	(-1.82)	(-1.73)
CEOGD	-16.598	-29.129	-3.479	-10.331
	(-0.93)	(-0.45)	(-0.25)	(-0.38)
_cons	29.243***	78.446**	71.984**	82.565***
	(2.87)	(2.52)	(2.01)	(2.93)
FE	控制	控制	控制	控制
N	1360	563	563	563
r2_w	0.179	0.102	0.186	0.190
F	3.631	4.770	1.560	4.149

注：*、**、***分别表示在10%、5%、1%的水平上显著。

另外，本书还利用季度会计利润率指标计算会计利润的年度波动率，重新进行回归，本书的研究结论也保持不变，如表4-10所示。

季度波动性的具体算法如下：

首先，对企业各个季度的Roa（Roe、Roic）用行业平均值进行调整，具体做法是用企业每个季度的Roa（Roe、Roic）减去当年当季度企业所在行业的Roa（Roe、Roic）均值，得出经行业调整的季度Roa（Roe、Roic），目的是通过剔除行业因素消除年度内不同季节间销售波动的影响。

其次，利用这些经行业调整的季度Roa（Roe、Roic），计算出年度内的会计利润率标准差，作为企业总体波动水平的代理变量。

第四章 管理者股票期权风险承担激励对企业风险承担的影响

表 4-10 替换会计利润波动率的回归结果

变量	被解释变量		
	Varroe2	Varroa2	Varroic2
	(1)	(2)	(3)
Vega	2.280**	0.305*	0.896**
	(2.41)	(1.88)	(2.11)
Delta	-37.900***	-10.927**	-16.808***
	(-3.68)	(-2.47)	(-3.63)
Comp	-10.688***	-12.340***	-6.657*
	(-3.78)	(-4.75)	(-1.82)
Lnage	-2.847**	-0.694**	-2.89**
	(-2.28)	(-2.19)	(-2.28)
Size	-46.789**	-17.381*	-18.8978***
	(-2.06)	(-1.78)	(-3.16)
Mtb	2.847*	0.694*	1.736*
	(1.86)	(1.83)	(1.87)
Growth	0.334*	0.036	0.116*
	(1.74)	(0.70)	(1.74)
Return	0.435**	0.154	0.218**
	(2.14)	(1.88)	(2.39)
Equity to Debt	0.005	0.002	0.003
	(0.62)	(1.37)	(0.84)
Cash Surplus	23.056**	38.554**	64.306*
	(2.23)	(2.15)	(1.66)
Tenure	2.173	0.921*	1.214
	(0.79)	(1.66)	(0.98)
Ceoage	-55.396*	-34.818*	-56.462
	(-1.73)	(-1.89)	(-1.45)
CEOGD	-68.607	-34.862	-39.523*
	(-1.53)	(-1.51)	(-1.96)
_cons	15.220***	50.943**	26.656***
	(3.25)	(2.25)	(3.96)
FE	控制	控制	控制
N	1360	1360	1360
r2_w	0.370	0.101	0.354
F	3.589	1.259	4.155

注：*、**、*** 分别表示在10%、5%、1%的水平上显著。

（三）内生性问题

为解决这种问题，按照 Guay（1999）的做法，用股票回报标准差的样本均值代表每个公司的特定波动率重新计算 Vega，尽管这种调整后的敏感性指标预期不能完全反映管理者薪酬方案的激励效果，但这个指标去掉了与公司特定股票收益波动性的机械关系。用这种调整后的指标的回归系数比前面小 50%，但仍显著为正。

第四节 进一步研究企业特定因素的调节作用

很多理论研究指出，授予管理者股票期权的公司将会有更高的投资风险，并可能有更高的公司价值。然而，国外部分实证证据与这种假设不一致。例如，Defusco、Johnson 和 Zorn 证明，在采用期权授予政策的公司之中，仅有 60% 的公司有更高的股票波动性，仅有 55% 的公司有更高的资产回报方差。因此，也许存在一些其他决定管理者股票期权对其风险承担影响的因素。

在前面的模型中，本书主要关注管理者股票期权薪酬和企业总体风险承担水平以及政策选择之间的关系。在前文分析研究的基础上，本节转而关注管理者股票期权激励的风险承担效应的边界条件，以便详细分析影响管理者股票期权风险承担激励与公司风险承担水平之间正相关关系的特定因素。本书认为，一些公司特定因素会对期权激励与企业风险承担之间的关系产生影响。这些因素包括企业前期风险水平和企业资源条件。

一、企业前期风险水平的调节作用

看涨期权表现出凸性的支付结构，其价值随着基础股票的波动性而增加，这意味着期权合约可能通过鼓励管理者承担更多风险成为一种减少投资不足问题的有效工具。然而，管理者的风险厌恶可能削弱期权的激励效果。管理者的风险规避是股东和管理者之间冲突的重要来源。这也是激励体系涉及中需要考虑的中心问题。Hall 和 Murphy（2002）估计了期权对员工的价值，他们对管理者的效用函数、风险厌恶和管理者财富的份额做出合理假设。他们指出，管理者对期权的估价比布莱克—斯科尔斯公式更低。考虑到管理者的道德风险问题，股东会事先设计管理者薪酬合约以最小化代理成本。代理文献已经证明，应该在激励提供和管理者承担的风险之间做出权衡，以防止激励效果随着管理者承担的风险增加而减少。

通过项目选择和投资决策，管理者可以影响公司经营风险。如果以股票授予为基础向管理者支付线性薪酬，则风险规避的管理者会有动机将波动性维持在较低水平以便减少投资成果的不确定性。结果，企业的投资水平会低于股东所期望的最优投资水平。因此，有必要采取措施以激励企业提高风险承担水平。管理者股票期权激励代表了解决这个问题的一种可能的方法。众所周知，对于一个能充分分散投资的个人来说，看涨期权的价值随着基础资产波动性地增加而增加，因而，期权的凸性性质会导致期权持有者偏爱更高的波动性。也就是说，风险中性的管理者会有动机增加其公司的风险水平。为达到这个目标，管理者可以有很多行动选择，比如并购风险较大的公司，较少使用衍生金融工具对冲风险，承担波动性更大的项目，投资于更多研发等。

然而，不考虑管理者的风险厌恶，就不能真正了解被授予期权薪酬的管理者是否的确能寻求承担更多风险。如前面所讨论的那样，管理者暴露于市场风险和公司特定风险中，但他们仅仅能对冲市场风险。由于激励合约限制，管理者不能对冲公司特定风险。假定管理者的期望效用是其风险厌恶参数、他们的全部财富（包括来自股票期权的可变薪酬）以及对公司特定风险的分散程度的函数。因此，管理者的期望效用是否会随着股票收益波动性而增加取决于期权薪酬的凸性和管理者风险厌恶的交互作用。因此，本书预测公司已经存在的特定风险水平会影响股票期权激励的效果。这与 Henderson（2002）的看法一致。Henderson（2002）认为，通过改变作为全部风险组成部分的公司特定风险，可以调整管理者股票期权激励的效果。

本书以前期股票收益率的波动性衡量企业已经存在的特有风险水平。本书预计，对于前期股票收益波动性较低的公司，由于这些公司的特定风险较小，股票期权的凸性性质可能会对管理者风险厌恶有更大影响，因而期权将更可能导致风险承担。而随着股票收益波动性增加，管理者能够承受的风险会减少，因此笔者预期期权凸性会对期权价值有较少影响。总之，本书预计相对于前期股票收益波动性较高的公司，在前期股票收益波动性较低的公司，未来盈余波动性和股票收益率波动性与管理者期权风险承担激励之间正相关关系的显著性更强。

因此，本书根据企业股票收益率波动性的中位数将样本分组，并对样本组分别做回归。回归结果如表 4-11 所示。

表 4-11 企业特定因素对股票期权风险承担激励效应的调节作用

	被解释变量 Var					
	前期风险承担		流动性		借款能力	
	高	低	高	低	高	低
	(1)	(2)	(3)	(4)	(5)	(6)
Vega	3.174*	0.059***	0.259***	0.030**	6.131***	0.207*
	(1.76)	(4.18)	(4.18)	(2.17)	(3.70)	(1.78)
Delta	-95.340***	-0.260*	-19.649***	-0.103*	-59.504***	-0.100*
	(-4.84)	(-11.69)	(-3.75)	(-1.81)	(-3.63)	(-1.76)
Comp	-14.734**	-5.384**	-24.369**	-4.635**	-87.404*	-19.580*
	(-2.49)	(-2.31)	(-2.02)	(-2.31)	(-1.77)	(-1.70)
Lnage	-37.374*	-27.916**	-49.288*	-26.342**	-89.431*	-92.487*
	(-1.85)	(-2.13)	(-1.82)	(-2.08)	(-1.86)	(-1.72)
Size	-48.573**	-0.836**	-25.322**	-0.193**	-85.133**	-8.974**
	(-1.89)	(-2.32)	(-1.98)	(-2.08)	(-2.24)	(-1.91)
Mtb	4.567**	0.164**	1.200**	0.031**	3.003**	1.038**
	(0.99)	(0.41)	(0.89)	(0.09)	(0.47)	(1.71)
Growth	0.079*	0.020*	0.001*	0.013*	0.361*	0.205*
	(1.79)	(1.83)	(1.82)	(1.79)	(1.72)	(1.70)
Return	0.750**	0.001**	0.277**	0.008**	0.681**	0.049**
	(2.38)	(2.06)	(1.48)	(2.09)	(2.04)	(1.96)
Equity to Debt	0.003	0.000	0.002	0.000	0.002	0.000
	(0.74)	(0.19)	(1.00)	(0.42)	(0.31)	(0.18)
Cash Surplus	80.739*	9.279*	65.660*	3.566**	217.187***	33.450*
	(1.79)	(1.88)	(1.78)	(2.41)	(2.68)	(1.81)
Tenure	6.749*	0.110	2.091*	0.048	7.584	0.414
	(1.87)	(0.55)	(1.67)	(0.29)	(1.25)	(0.53)
CEOage	-50.390**	-8.582*	-52.464**	-7.476*	-62.685*	-31.097*
	(-2.31)	(-1.88)	(-2.21)	(-1.90)	(-1.84)	(-1.86)
CEOGD	-42.886	-0.285	-43.481	-0.243	-81.026	-8.354*
	(-1.64)	(-0.30)	(-1.56)	(-0.32)	(-1.01)	(-1.78)

续表

	被解释变量 Var					
	前期风险承担		流动性		借款能力	
	高	低	高	低	高	低
	(1)	(2)	(3)	(4)	(5)	(6)
_cons	76.044*	-21.021	67.039**	-4.647	20.611*	-13.810
	(1.80)	(-0.53)	(2.30)	(-0.16)	(1.90)	(-0.95)
N	680	680	680	680	680	680
r2_w	0.417	0.077	0.249	0.071	0.176	0.086
F	7.910	37.283	4.452	5.175	5.400	1.819

注：*、**、***分别表示在10%、5%、1%的水平上显著。

二、企业可用资源的调节作用

资源基础理论指出，企业的经营决策是以其拥有的资源为基础的，在做出任何决策时，都需要考虑前期的资源配置，企业的资源储备是在先前资源配置基础上进行决策后带来的资源储备，这种资源储备将限制和影响企业下一步的决策。因此，企业是各种资源的集合体，其所拥有的资源的异质性决定了企业竞争力的差异。管理者若想进行投资就要考虑企业的资源条件。企业可用资源是投资过程中一个重要的决定因素。没有资源，即使被授予更高水平的期权薪酬，管理者也不能增加有风险的投资。因此，有必要检查企业可用资源水平对期权薪酬和企业风险承担程度之间关系的影响。

一方面，如果期权激励的确减轻了管理者的风险厌恶程度，从而允许管理者追求风险更大的公司政策，那么这种效果会在企业可用资源较多的公司更强。另一方面，对于可用资源较少的公司，管理者用于投资的资金较少，因而期权激励—风险之间的关系会较弱。

本书预计，当企业可用资源很多时，管理者会具备增加风险投资的较好条件，更可能采用有风险的政策，因此企业总体风险承担水平的增加会更显著。相反，在企业可用资源较少的样本组，股票总体风险水平的增加的显著性会稍弱一些。

借鉴 Chen（2003），Itter、Lambert 和 Larcker（2003）以及 Yermack（1997）等的做法，本书采用流动性和借款能力衡量管理者可用的资源，用全部资产中的现金和现金等价物价值表示公司流动性。另外，有更多有形资产的公司，更可能获取外部资金，所以本书使用长期债务对固定资产的账面价值的比值表示公司的借款能力。

为检查企业可用资源在管理者股票期权激励对公司风险承担影响中的调节效应，本书以现金和等价物占总资产的中位数和长期债务占固定资产比率的中位数为基础，将期权授予样本为两组，分别是可用资源多的组和可用资源少的组，然后用每组样本数据对等式（4）中的回归模型重新进行回归分析。

回归结果如表 4-11 所示。因变量是股票收益波动性（Var）。

在第（1）列和第（2）列中，我们按照前期风险水平分组，分析前期风险水平的调节作用。第（1）列和第（2）列是根据企业前期风险承担对样本分组后的回归结果。类似地，第（3）列和第（4）列是根据企业流动性分组后回归的结果，第（5）列和第（6）列是根据企业借款能力分组回归的结果。

根据前面的理论分析，我们试图通过分组回归检查企业前期风险承担程度和可用资源在管理者股票期权风险承担激励对企业风险承担影响中的调节效用。

由表 4-11 可以看出，相比于企业前期风险水平比较高的样本组，在前期风险水平低的样本组，股票期权 Vega 的系数更加显著。同样，在流动性和借款能力较高的组，股票期权 Vega 的系数也比流动性和借款能力较低的组更显著。这说明，企业前期风险承担水平会反向调节股票期权风险承担激励与随后的企业风险承担水平之间的关系，而企业可用资源水平会正向调节二者之间的关系，这与本书在前面的预期是一致的。

第五节　本章小结

本章以 2006~2016 年中 A 股市场实施股票期权激励的上市公司为研究样本，实证考察了管理者股票期权激励对企业风险承担的影响。本章主要从三个方面展开研究。首先，检查管理者股票期权激励对企业总体风险承担的影响。其次，检验管理者股票期权激励对企业风险政策的影响。最后，为了加深对股权激励影响公司风险承担的理解，本书进一步检验股权激励影响公司风险承担的边际条件——企业特定因素。这些因素包括企业前期已有的风险承担水平以及公司资源状况。本书假设，当企业原有风险水平较低，或者管理者可以利用的资源较多

第四章 管理者股票期权风险承担激励对企业风险承担的影响

时,股权激励带来的风险承担效应较强。

本章实证研究的主要结论如下:

(1) 管理者股票期权激励的实施能显著提升企业的总体风险承担水平。

(2) 管理者股票期权激励的实施能促使企业采用有风险的政策。

(3) 管理者股票期权激励对企业风险承担的促进作用受到一些企业特有因素的调节,当企业前期风险较低以及企业可用资源较多时,管理者股票期权激励促进企业风险承担的效果会更好。

本章内容是本书研究的主体,关注的主要目标就是股票期权 Vega 的直接效应,也就是股票期权风险承担激励是否能改变企业风险承担水平。本章研究结论为后续章节提供了分析的基础。

第五章　管理者股票期权风险承担激励对企业业绩的影响

在前面两章理论和实证研究的基础上,本章将实证检验管理者股票期权的风险承担激励对企业业绩的影响。具体内容安排如下:第一节提出研究假设;第二节是研究设计,包括样本选择、变量定义和模型设定;第三节是实证结果,包括描述性统计、相关性分析、基本回归分析和稳健性检验;第四节是本章小结。

第一节　理论分析和研究假设

管理者会比投资者更谨慎,因为他们被迫持有不能分散的与所服务公司相关的投资组合。通常风险中性的股东向厌恶风险的管理者提供股票期权激励能减少管理者放弃净现值为正的风险项目。通过将管理者财富和股东财富绑定,股权薪酬可以激励管理者通过投资净现值为正的风险项目以最大化股东财富,即使这些有风险的投资会减少其人力资本并将其个人财富处于风险之中。特别是,管理者股票期权在提供增加管理者风险承担激励中扮演了特别重要的角色。前期文献强调,相对于其他普通股授予,授予管理者股票期权时,管理者财富对股权风险或波动性的凸性更大。因此,关注管理者股票期权在评估股权基础薪酬对管理者风险承担的影响非常重要。

然而,如果激励性薪酬设计不佳,那么股权激励,尤其是股票期权授予,很可能会向管理者提供承担过多风险的不当激励。当归因于与很大的风险投资有关的股票价格的波动性导致的管理者期权价值的增加抵消了管理者增加的风险暴露时,就会发生过多风险承担的情况。

股权基础薪酬提供采用正净现值还是负净现值的风险项目的激励是一个实证

问题,这类研究可以提供一个解释管理者股权薪酬和公司业绩之间间接关系的逻辑推理。如果得到恰当激励,管理者就会采用正净现值项目,从而增加企业业绩。若激励不恰当,则会导致过度风险承担,企业业绩会降低。

股权激励的初衷是通过将经营者与所有者的利益函数统一起来,以解决现代企业由于两权分离导致的委托代理问题,降低代理成本。对公司业绩的影响是股权激励最终效果的体现。国内外文献对于股票期权风险承担激励与业绩或公司价值之间的关系研究结果并不一致,有的研究认为二者是正相关关系(Sesil 等,2000;Currim 等,2012),有的研究认为二者是负相关关系(Bebchuk、Cremers 和 Peyer,2011),也有些文献证明二者没有显著关系(Ittner、Lambert 和 Larcker,2003)。

对于这种结论的不一致性,通常有三种解释:

第一种观点是,布莱克—斯科尔斯期权定价模型表明期权价值随着股票收益波动性增加而单调增加。因此,管理者有可能选择增加股票风险的行动,以便最大化期权价值。但这种行动有可能增加企业价值,提高企业业绩,但也可能造成过度风险承担,损害企业价值。

第二种观点是,虽然薪酬契约中应包含的风险会影响管理人员的行为行动,但是若薪酬契约中风险过大,也会加剧管理者的风险厌恶,造成不良后果,包括规避有风险项目、决策视野狭窄以及采取有损长期利益的增长策略等。

第三种观点是,由于股权激励的效果会受到包括公司规模、投资机会、行业、负债能力等公司特征和高管人员的级别、年龄等个人特征的影响,因而高管股票期权激励公司绩效、股东财富之间的关系并非固定的。

前期文献表明,判断股票期权激励是否能提高公司业绩还需要结合具体的情景,要在充分考虑其他影响业绩因素的前提下,分析股票期权激励对业绩的影响。

股票期权激励有两种作用,一种是利益协同激励作用,另一种是风险承担激励作用。如上面所提到的,如果厌恶风险的管理者能被激励去投资于高风险、正净现值的项目,则有成长机会的公司将一定会获利(Guay,1999)。股票风险承担激励提高公司业绩的主要原理是通过改变管理者的风险偏好来解决因管理者风险厌恶而导致的企业投资不足问题。为分析我国上市公司实施的股票期权风险承担激励的业绩效果,则必须分析我国企业管理者的风险倾向。

1984 年荷兰学者霍夫斯泰德(Hofstede)实施了对 53 个国家的跨国公司员工的问卷调查,试图分析民族文化特征的社会价值层面。其中一个结论是,在对

"不确定性的回避程度"方面,英国、美国等国家对不确定性回避程度较小,而德国、法国及发展中国家对不确定性的回避程度较大。而中国传统文化崇尚中庸之道,主张不偏不倚、过犹不及,因此,中国文化并不推崇冒险精神,所以中国企业的管理者可能有更严重的风险厌恶倾向。因而,在中国企业实施股票期权激励的针对性更强,不太容易造成过度的风险承担。另外,由于我国实施股权激励时间并不长,管理者股权的积累效应并不明显,而且我国法规对国有企业的股权激励有诸多数量上的限制,在实践中,企业对管理者激励力度比较低,我国企业管理者中不会存在因股权激励过度导致的过度风险承担,因而实施股票期权激励并不会加剧管理者的风险厌恶。综合以上分析,本书认为我国上市公司授予管理者的股票期权薪酬会对公司业绩有正面影响。基于此,本书得出如下假设:

H7:管理者股票期权风险承担激励与企业业绩正相关。

第二节 研究设计

一、样本选择

本章研究的样本与第四章相同,都以2006~2016年我国沪深两市A股上市公司中实施股票期权激励的公司为样本,具体的样本选择过程见第四章第二节。

二、模型设定

为检验H7,借鉴Ferris、Javakhadze和Rajkovic(2017)等的研究模型,本书构建如下线性回归模型,以便验证股票期权激励对公司总体风险承担水平的影响:

$$Perform = Vega + Controls \qquad (5-1)$$

其中,Perform是企业业绩,分别包括一个市场业绩指标和三个会计业绩指标。Controls代表控制变量,包括期权(Delta)、公司年限(Lnage)和规模(Size)、市账比(Mtb)和销售增长率(Growth)、权益负债比率(Equity to Debt)和现金结余(Cash Surplus)、CEO任期(Tenure)和CEO年龄(CEOage)、CEO 性别（CEOGD）、企业高管现金薪酬（Comp）。具体变量定义见第四章第二节。

三、变量定义

本书研究使用市场业绩和会计业绩两类指标衡量企业业绩变量。

第一类是市场业绩指标，本书主要使用股票收益率衡量企业的市场业绩。

第二类是会计业绩指标，本书使用总资产收益率、净资产收益率和投入资本净利率三个会计利润指标衡量企业业绩。其中，总资产收益率（Roa）等于财务报表中的净利润除以总资产，净资产收益率（Roe）等于净利润除以企业净资产，而投入资本净利率（Roic）等于净利润除以全部投入资本。以上几个会计利润指标都表示为百分数。其余变量定义见第四章第二节。

第三节 实证结果

一、描述性统计和相关性分析

表 5-1 介绍本章中使用的企业业绩变量的描述性统计情况。由于第四章已对式（5-1）中的解释变量和控制变量执行了描述性统计分析，在此不再赘述，见表 4-1。表 5-1 中的描述性统计显示，Return、Roa、Roe 和 Roic 的均值分别是 34.24%、6.072%、10.79% 和 7.948%，说明样本公司的平均业绩较好。

表 5-1 业绩变量的描述性统计

variable	mean	p50	sd	min	max	N
Return	34.24	32.78	31.83	-34.83	126.0	1360
Roa	6.072	5.582	6.204	-6.04	43.38	1360
Roe	10.79	10.40	14.57	-2.54	76.11	1360
Roic	7.948	7.215	8.645	-1.15	50.31	1360

表 5-2 介绍本章所使用的变量之间的相关性分析结果。从表 5-2 可以看

到，两种业绩变量与我们关注的主要变量 Vega 之间都显著正相关，初步说明股票期权的风险承担激励能促进企业业绩提高。其余控制变量之间的相关系数绝大部分小于 0.5，说明不会出现明显的多重共线性问题。

表 5-2 变量的 Pearson 相关性分析

	Return	Roa	Roe	Roic	Vega	Delta	Comp
Return	1						
Roa	0.1103***	1					
Roe	0.0624***	0.8080***	1				
Roic	0.0768***	0.9417*	0.8831***	1			
Vega	0.0786**	0.0113***	0.0893***	0.00710**	1		
Delta	0.0162***	0.0785***	0.0601***	0.0452**	0.4660*	1	
Comp	-0.1349***	0.0260**	0.1550***	0.0786***	-0.4726**	0.4417*	1
Lnage	0.00580*	0.1214*	0.00640	0.0830*	-0.1338*	0.1646*	0.2053*
Size	0.1561***	0.0695***	0.1511***	0.0121***	-0.4739*	0.4639*	0.4560*
Mtb	0.3577**	0.2312**	0.1074**	0.2312**	0.1019**	0.1556**	-0.1650**
Growth	0.2477**	0.1791**	0.1738**	0.1601**	0.0489*	0.0119*	-0.0319
Equity to Debt	0.1880***	0.3008***	0.0501**	0.2034***	-0.1542**	-0.1834*	-0.1758*
Cash Surplus	0.0191	0.4541*	0.2747*	0.4080*	0.0001	-0.0314	-0.00230
Tenure	0.0027*	0.0243	0.0209	0.0134	0.0928*	0.0676	0.1671*
CEOage	-0.0452*	-0.0070	-0.0080	-0.0157	0.0094	0.0625	0.0959*
CEOGD	-0.0257	-0.0461	-0.0605	-0.0739	-0.0391*	-0.0711*	0.0423

	Lnage	Size	Mtb	Growth	Equity to Debt	Cash Surplus	Tenure	CEOage	CEOGD
Lnage	1								
Size	0.2910*	1							
Mtb	-0.0761*	-0.2981*	1						
Growth	-0.1158*	-0.0110	0.2215*	1					
Equity to Debt	-0.0957*	-0.3328*	0.4822*	0.0351	1				
Cash Surplus	-0.1021*	-0.1072*	0.2095*	0.0584*	0.2406*	1			
Tenure	0.1986*	0.1323*	-0.0539	-0.0887*	-0.0241	0.0292	1		
CEOage	0.1570*	0.0389	-0.00270	-0.1045*	0.0723*	0.00560	0.2326*	1	
CEOGD	-0.00440	-0.00230	0.0134	0.0183	0.0524	0.0716*	0.0817*	0.0405	1

注：*、**、*** 分别表示在 10%、5%、1% 的水平上显著。

二、回归分析

表5-3报告了股票期权风险承担激励对企业业绩影响的回归结果。

表5-3 期权风险承担激励与业绩的回归结果

变量	被解释变量			
	Return	Roa	Roe	Roic
	(1)	(2)	(3)	(4)
Vega	0.069***	0.068***	0.019***	0.078**
	(3.47)	(3.39)	(3.14)	(2.12)
Delta	4.063*	0.056*	3.179*	1.391*
	(1.93)	(1.81)	(1.93)	(1.73)
Comp	-5.334*	1.318*	3.738*	2.238**
	(-1.88)	(1.85)	(1.85)	(2.12)
Lnage	69.471***	5.908*	19.716*	6.315
	(3.38)	(1.88)	(1.71)	(1.44)
Size	25.841***	2.603***	1.227**	4.298***
	(4.77)	(3.13)	(1.99)	(3.26)
Mtb	2.165***	0.503***	0.852***	0.794***
	(3.36)	(4.61)	(2.75)	(4.75)
Growth	0.064**	0.014*	0.047**	0.022**
	(2.23)	(1.92)	(1.98)	(2.39)
Equity to Debt	0.006***	0.000**	0.001**	0.001**
	(3.15)	(2.04)	(2.08)	(2.33)
Cash Surplus	39.886	7.624**	31.033	10.913**
	(1.56)	(2.25)	(1.44)	(2.42)
Tenure	1.915*	0.115	0.179	0.119
	(1.84)	(1.52)	(0.80)	(1.03)
CEOage	-21.895	-3.294	-5.635	-4.218
	(-0.86)	(-1.51)	(-0.87)	(-1.25)
CEOGD	-5.089	-2.085	-3.623	-0.760
	(-0.38)	(-1.24)	(-0.82)	(-0.48)

续表

变量	被解释变量			
	Return	Roa	Roe	Roic
	（1）	（2）	（3）	（4）
_cons	55.070***	55.294***	48.342	89.646***
FE	（4.20）控制	（3.47）控制	（0.75）控制	（4.04）控制
N	1360	1360	1360	1360
r2_w	0.121	0.187	0.110	0.175
F	6.308	8.201	5.740	4.910

注：*、**、*** 分别表示在10%、5%、1%的水平上显著相关。

表5-3中，第（1）列的被解释变量是用股票收益率（Return）衡量的市场业绩指标，第（2）列至第（4）列的被解释变量分别是用总资产收益率（Roa）、净资产收益率（Roe）和投入资本净利率（Roic）衡量的会计业绩指标。从表5-3中第（1）列至第（4）列的回归结果可以看出，期权Vega与各个业绩变量都在1%水平上显著正相关，说明管理者股票期权的风险承担激励对企业的市场业绩和会计业绩均有显著的促进作用。

其他变量的回归结果也与前期研究基本一致。例如，期权Delta与四个业绩指标都在10%水平上显著正相关，说明在样本公司中，实施股票期权激励也能产生利益协同效应，促使业绩提升。企业规模（Size）与股票回报率在1%水平上显著正相关，说明在我国资本市场上，规模越大的企业其市场业绩越好。同时，企业规模也与企业总资产收益率、净资产收益率和投入资本净利率显著正相关，说明实施股权激励的企业的规模越大，其会计业绩也越好。高管现金薪酬（Comp）与企业市场业绩负相关，与会计业绩正相关，说明高管薪酬不能推动市场业绩提升，反而有负作用。但高管现金薪酬与企业会计业绩却显著正相关，说明支付给高管较高现金薪酬，有助于激励高管去努力提高会计业绩。市账比（Mtb）与销售增长率（Growth）都与企业业绩正相关，说明成长能力越好的企业，其业绩越好。

三、稳健性检验

为保持结论的稳健性，本书采用市场绩效指标Tobin'Q值衡量企业业绩，重新做回归分析，结果保持不变。结果如表5-4所示。

第五章　管理者股票期权风险承担激励对企业业绩的影响

表 5-4　以 Tobin'Q 为被解释变量的回归结果

	Tobin
Vega	0.089***
	(3.47)
Delta	20.67*
	(1.93)
Comp	-3.334*
	(-1.82)
Lnage	39.421***
	(4.38)
Size	15.841**
	(2.17)
Mtb	5.561***
	(4.26)
Growth	0.064*
	(1.83)
Equity to Debt	0.026***
	(3.45)
Cash Surplus	30.186
	(1.56)
Tenure	1.315**
	(2.04)
CEOage	-11.822
	(-0.46)
CEOGD	4.089
	(0.38)
_cons	55.070***
	(4.20)
FE	控制
N	1360
r2_w	0.221
F	6.506

注：*、**、*** 分别表示在 10%、5%、1% 的水平上显著相关。

第四节　本章小结

本章实证考察了管理者股票期权风险承担激励对企业业绩的影响，并且仍以 2006~2016 年实施股票期权激励的 A 股上市公司为研究样本，以管理者股票期权对股票收益波动性的敏感性（Vega）作为股票期权风险承担激励的代理变量，分别以股票收益率、总资产收益率、净资产收益率和投入资本净利率为被解释变量，检验股票期权风险承担激励的业绩后果。

本章实证分析的结果表明，以期权 Vega 衡量的管理者股票期权风险承担激励不仅能促进企业市场业绩的提升，还能提高企业的会计业绩，因此 H7 是成立的。

为保证结论的稳健性，本章还用 Tobin'Q 值作为企业市场业绩的代理变量，重新做回归分析，实证结果保持不变，仍支持 H7。

第六章　企业总体风险承担水平对企业业绩的影响

前面章节的实证研究已经证明,管理者股票期权激励能导致企业总体风险承担水平的提升,那么为全面理解股权激励的效果,有必要研究企业风险承担对企业业绩是否有影响。目前关于企业风险承担对企业绩效影响的实证研究仍比较少,尤其是国内学者对于二者关系的实证检验更是相对匮乏。因此在第四章理论分析的基础上,本章将研究企业风险承担与业绩之间的关系。

具体安排如下:第一节在理论分析的基础上给出了研究假设;第二节是研究设计,包括样本选择、变量定义和模型设定;第三节是实证结果呈现及分析;第四节是本章小结。

第一节　理论分析和研究假设

企业风险承担水平也是管理者自身的风险承担水平。由于管理者比股东更加厌恶风险,他们可能会做出不利于股东价值最大化目标的行为(Jensen 和 Meckling,1976)。面对复杂的经营环境,厌恶风险的管理者通常倾向于选择稳妥的发展策略,以便将经营风险控制在较低范围内。但公司会因此错失发展良机,导致业绩下滑。但若能得到适当激励,管理者就会不惧风险,抓住机遇,这虽然会提升企业的风险承担水平,但管理者为了避免主动承担风险所带来的财务危机,也会有更多动力提高经营效率和资金使用效率,这最终也会有利于企业业绩的提升。Cohen、Hall 和 Viceira(2000)调查了因股票期权授予而造成风险承担变化,发现尽管股票期权似乎增加了公司风险,但并没有证据表明这种影响会损害股东利益。John、Litov 和 Yeung(2008)以 39 个国家和地区 1999~2002 年的数据为研究样本，发现企业高级管理人员的风险承担水平越高，其国家经济（GDP）增长越快，生产力发展程度越高。

国内文献也有类似的结论。例如，余明贵（2013）发现企业风险承担水平与企业托宾Q值和销售增长率正相关。张瑞君、李小荣和许年行（2013）提出提高企业风险承担水平可以带来更好的业绩。

如果期权激励能引导管理者承担更多风险，从而更好地联结管理者和股东的利益，我们就会观察到企业风险承担和业绩之间的正相关关系。然而，实际上，管理者股票期权也能引导管理者发动并购之类的减少公司价值的有风险的过度投资（Agrawal和Mandelker，1987），更高的风险承担也许未必会导致更高的企业价值（Bhaumik和Selarka，2012；王艳和阚铄，2014）。因此，只有符合一定的条件，企业风险承担与业绩之间才存在正相关关系。Murphy（1999）对这种条件进行了分析，他指出期权对于授予期权的股东的成本要超过接受期权的管理者对这些期权的主观估值。因此只有在激励效果（提供期权激励增加的业绩）超过公司成本和管理者价值之间的差额时才可以授予期权。而国内学者也曾经对这种条件进行探讨。由于针对我国上市公司股票期权方案的一些研究发现，A股市场上不少上市公司的股票期权方案呈现出"福利化"特征（白庆辉，2012；吕长江，2009），所以这些学者认为只有能避免"福利化"倾向的公司才能实现用股票期权促进风险承担进而提升企业业绩的目的。股票期权激励的一个重要作用是促使厌恶风险的管理者增加投资（李春霞和叶瑶，2015），缓解投资不足问题（翟淑萍、卓然和王玥，2017），从而促进企业业绩提升。但风险承担提升企业业绩的一个边界条件是企业不存在过度投资，若存在投资过度，则增加企业风险承担也会加剧这种经济上的低效率。在我国虽然非效率投资很普遍，但周伟贤（2010）通过对我国公司中的非效率投资行为的分析，发现投资不足比投资过度更为严重。刘飞和王开科（2014）也发现，大多数中小板上市公司存在投资不足现象。因此，在我国对于实施股票期权激励的企业，增加的风险承担能够缓解投资不足，而不是加剧过度投资，所以有可能提升企业业绩。另外，从融资和纳税政策方面看，实施激进的融资政策和纳税政策的公司也可能为公司获得发展所需资金。各种有风险的企业政策选择的最终结果是企业总体风险承担的提高，进而也会导致企业业绩的提高。

基于上述分析，提出如下假设：

H8：其他条件相同，在实施股票期权激励的企业，其风险承担水平与企业业绩正相关。

第二节 研究设计

一、样本选择

本章研究的样本与第四章相同,都采用我国 A 股上市公司中实施股票期权激励的公司为样本,具体的样本选择过程见第四章第二节。

二、模型设定

为检验 H8,借鉴 Ferris、Javakhadze 和 Rajkovic(2017)等的研究模型,构建如式(6-1)所示的线性回归模型,以便验证企业总体风险承担水平对企业业绩的影响:

$$Perform = Risk-taking + Controls \qquad (6-1)$$

其中,Perform 代表企业业绩,Risk-taking 代表企业的总体风险承担水平。Controls 代表控制变量,包括期权(Delta)、公司年限(Lnage)和规模(Size)、市账比(Mtb)和销售增长率(Growth)、权益负债比率(Equity to Debt)和现金结余(Cash Surplus)、CEO 任期(Tenure)和 CEO 年龄(CEOage)、CEO 性别(CEOGD)、企业高管现金薪酬(Comp)。具体变量定义见第四章第二节。

三、变量定义

本章研究的因变量是企业业绩。文献中经常使用业绩变量有两类,一类是市场业绩,另一类是会计业绩,本书对这两类业绩都加以分析,采用的市场业绩指标是股票回报率,采用的会计业绩指标包括总资产收益率、净资产收益率和投入资本净利率。这些变量的具体定义见第四章的第二节。

第三节 实证结果

一、描述性统计和相关性分析

由于本章所用变量在前面章节都做过相应的描述统计和相关性分析,此处忽略。见前面第四、第五章。

二、回归分析

从表6-1可以看出,企业总体风险承担水平与企业的市场业绩和会计业绩均正相关。其他的变量也与前期文献基本一致。其中,Delta 与几个业绩指标显著正相关,说明我国企业实施股票期权的利益协同效应也比较显著。

表6-1 企业总体风险承担水平与业绩的回归结果

变量	被解释变量			
	Return	Roa	Roe	Roic
	(1)	(2)	(3)	(4)
Var	0.003***	0.001***	0.020***	0.007***
	(4.00)	(3.23)	(3.56)	(3.15)
Delta	2.822*	0.109*	0.545*	0.308*
	(1.92)	(1.74)	(1.87)	(1.71)
Comp	-2.361*	1.228*	3.402*	2.268**
	(-1.72)	(1.80)	(1.78)	(2.08)
Lnage	62.903***	4.320	20.650*	4.811
	(3.27)	(1.35)	(1.71)	(1.10)
Size	28.875***	2.391***	1.251	3.818***
	(5.07)	(2.78)	(0.52)	(2.99)
Mtb	1.037*	0.519***	0.909***	0.757***
	(1.78)	(3.68)	(3.16)	(3.66)

第六章　企业总体风险承担水平对企业业绩的影响

续表

变量	被解释变量			
	Return	Roa	Roe	Roic
	（1）	（2）	（3）	（4）
Growth	0.081*	0.016**	0.058**	0.025**
	(1.72)	(2.06)	(2.03)	(2.52)
Return		0.006**	0.008**	0.007**
		(2.51)	(2.32)	(2.50)
Equity to Debt	0.007***	0.007***	0.007***	0.007***
	(4.68)	(4.68)	(4.68)	(4.68)
Cash Surplus	31.925	7.180*	27.947	12.080**
	(1.15)	(1.80)	(1.62)	(2.09)
Tenure	1.809	0.066	0.080	0.088
	(1.05)	(0.89)	(0.43)	(0.80)
CEOage	-17.989	-2.449	-3.910	-3.575
	(-0.74)	(-0.97)	(-0.58)	(-0.94)
CEOGD	-11.338	-0.943	-7.274	-1.388
	(-0.85)	(-0.88)	(-1.53)	(-1.12)
_cons	6.221***	5.383***	3.741*	6.658***
	(4.67)	(2.69)	(1.73)	(2.94)
N	1360	1360	1360	1360
r2_w	0.139	0.171	0.121	0.168
F	7.662	5.923	5.364	4.087

注：*、**、*** 分别表示在10%、5%、1%的水平上显著相关。

三、稳健性检验

为保持结论的稳健性，采用Tobin'Q值衡量企业市场业绩，重新做回归分析，结果保持不变。结果如表6-2所示。

表6-2回归结果表明，企业总体风险承担水平（Var）与Tobin'Q显著正相关，说明提高企业的风险承担水平也能促进企业业绩的提升。这个回归结果进一步证明，H8成立。

表6-2 以Tobin'Q为被解释变量的回归分析

	Tobin
Var	0.046***
	(3.47)
Delta	2.67***
	(3.93)
Comp	-1.334
	(-0.62)
Lnage	12.221***
	(3.38)
Size	5.814**
	(2.27)
Mtb	2.561***
	(3.36)
Growth	0.268*
	(1.83)
Equity to Debt	0.06***
	(3.15)
Cash Surplus	9.186
	(1.56)
Tenure	1.915***
	(3.34)
CEOage	-11.895
	(-0.66)
CEOGD	-4.049
	(-0.58)
_cons	5.070***
	(4.20)
FE	控制
N	1360
r2_w	0.221
F	7.309

注：*、**、***分别表示在10%、5%、1%的水平上显著相关。

第四节 本章小结

本章实证考察企业风险承担对企业业绩的影响。实证研究的主要结论表明，以股票收益波动性衡量的企业风险承担水平越高，则以股票收益率衡量的市场业绩越好。而使用会计指标衡量企业业绩，也得到类似结论。在稳健性检验中，采用 Tobin'Q 衡量企业市场业绩，企业的风险承担水平与市场业绩表现出正相关关系，这进一步验证了 H8。这部分的实证结果还表明，股票期权的利益协同效应也比较明显。这些实证结论表明，在我国上市公司实施股票期权激励能实现预定的业绩目标。

第七章　风险承担在期权激励与业绩关系间的中介效应检验

在此部分，我们检查股票期权激励、企业风险承担和企业价值之间的关系。如果股票期权能促使企业采用对股东来说最优的风险承担水平，我们预测在因股权激励而增加的风险承担与公司价值之间应该存在正相关关系。然而，因股权激励导致的高风险未必无条件地导致更高的价值，三者之间的关系还需要实证检验。

具体安排如下：第一节在第四章的理论分析的基础上给出了研究假设；第二节是研究设计，包括样本选择、模型设定和变量定义；第三节是实证结果；第四节是本章小结。

第一节　理论分析和研究假设

从前几部分的研究结论可知，股票期权激励会影响企业业绩，同时股票期权激励也会影响企业的风险承担水平，而风险承担水平也会影响企业业绩，那么我们也许可以得出一个合理的推论：风险承担有可能是股票期权激励影响企业业绩的一种中间渠道。

虽然前文分析表明，股票期权激励会影响企业对具体政策的选择，但投资、融资、纳税政策各自只能影响企业某一方面的风险承担，这些政策的合并效果才能体现为企业的总体风险承担水平。总体风险承担水平是企业风险承担的综合体现，风险承担在股票期权 Vega 与企业业绩之间关系中的中介作用应该体现在企业总体风险承担水平上，而不是体现在某一项具体政策选择上。因此提出如下假设：

H9：企业总体风险承担水平是管理者股票期权风险承担激励影响企业业绩的中介变量。

第二节 研究设计

按照温忠麟、张雷和侯杰泰（2004）等的做法，检验企业风险承担在期权 Vega 对业绩影响中的中介效应的基本思路是：第一步，用公司业绩对自变量股票期权风险承担激励（Vega）做回归。第二步，用企业风险承担水平（Var）对股票期权风险激励（Vega）做回归，然后在回归等式中同时加入股票期权风险承担激励和公司风险承担水平，将企业业绩对二者同时做回归，若控制中介变量企业风险承担水平（Var）后，自变量股票期权风险承担激励（Vega）对因变量企业业绩的影响减少或消失了，则说明企业风险承担是中介变量。在检验过程中，如果第一步和第二步中股票期权风险承担激励和企业风险承担的回归系数都显著不为零，则做 Judd-Kenny 完全中介检验中的第三个检验（因为前两个在上一步已经完成），即检验将股票期权风险承担激励（Vega）和企业风险承担（Var）同时对业绩回归的系数，如果 Vega 的系数不显著，说明是完全中介过程，即股票期权风险承担激励（Vega）对业绩的影响都是通过中介变量企业风险承担（Var）实现的；如果显著，说明只是部分中介过程，即股票期权风险承担激励（Vega）对企业业绩的影响只有一部分是通过中介变量风险承担（Var）实现的，则检验结束。但如果第一步和第二步中股票期权风险承担激励和企业风险承担的回归系数中至少有一个不显著，由于该检验的功效较低（即第二类错误率较大），所以还不能下结论，就需要做 Sobel 检验，如果 Sobel 检验结果显著，则意味着风险承担（Var）的中介效应显著，否则中介效应不显著，至此检验结束。

一、样本选择

本章研究的样本与第四章相同，都采用我国 A 股上市公司中实施股票期权激励的公司为样本，具体的样本选择过程见第四章第二节。

二、模型设定

借鉴温忠麟、张雷和侯杰泰（2004）等的做法，对股票期权风险承担激励、企业总体风险承担水平和企业业绩之间的关系进行中介效应检验。

为检验中介效应，构建了以下三个模型：

$$Perform = Vega + Controls \qquad (7-1)$$
$$Risk\text{-}taking = Vega + Controls \qquad (7-2)$$
$$Performance = Risk\text{-}taking + Vega + Controls \qquad (7-3)$$

其中，Performance 代表企业业绩，此处的业绩采用市场业绩指标，也就是股票收益率。Risk-taking 代表企业的总体风险承担水平，用股票收益率的波动率（Var3）衡量，控制变量包括期权（Delta）、公司年限（Lnage）和规模（Size）、市账比（Mtb）和销售增长率（Growth）、权益负债比率（Equity to Debt）和现金结余（Cash Surplus）、CEO任期（Tenure）和CEO年龄（CEOage）、CEO性别（CEOGD）、企业高管现金薪酬（Comp）。具体定义同前面几章，见第四章第二节。在回归过程中，对所有变量进行中心化处理。

三、变量定义

本章的定义同前几章，见第四章第二节和第五章第二节。

第三节 实证结果

一、回归结果

根据"中介效应"的分析思路，若表7-1中第（1）列中Vega显著不为0，第（2）列和第（3）列中Var的系数都显著不为0，并且第（3）列中Vega的系数不再显著，则说明风险承担是股票期权激励与企业业绩之间的完全中介变量。若在第（1）列中Vega显著不为0，第（2）列和第（3）列中Var的系数都显著不为0，并且第（3）列中Vega的系数虽然显著，但显著性明显降低了，则说明企业风险承担是部分中介变量。

从本书的实证结果看，在表7-1中，第（1）列中Vega在1%水平上显著不为0，第（2）列和第（3）列中Vega的系数也都显著不为0，并且第（3）列中Vega的系数虽然显著，但显著性明显降低了，说明企业风险承担是股票期权激励与企业风险承担之间的部分中介变量。

表7-1 企业风险承担的中介效应检验

	Return	Var	Return
	（1）	（2）	（3）
Vega	0.019***	0.221***	0.015*
	(4.12)	(4.38)	(1.76)
Var			0.016***
			(2.25)
Delta	2.502*	-0.209*	0.224*
	(1.92)	(-1.74)	(1.87)
Comp	-1.314*	-1.318*	-3.738*
	(-1.79)	(1.85)	(-1.75)
Lnage	26.829	-26.098	28.134
	(1.37)	(-0.65)	(1.43)
Size	0.674***	-28.028*	0.144**
	(3.83)	(-1.87)	(2.13)
Mtb	9.284***	3.147**	9.360***
	(12.16)	(2.21)	(12.24)
Growth	0.046*	0.123*	0.048*
	(1.90)	(1.76)	(1.98)
Equity to Debt	0.002***	0.002*	0.002***
	(3.81)	(1.71)	(3.92)
Cash Surplus	9.402	27.410*	3.553*
	(1.63)	(1.83)	(1.83)
Tenure	0.325	2.502*	0.377
	(0.59)	(1.76)	(0.67)
CEOage	-3.211	-25.114	-3.721
	(-0.15)	(-0.71)	(-0.17)

续表

	Return	Var	Return
	(1)	(2)	(3)
CEOGD	-23.161	-73.471	-24.672
	(-1.36)	(-1.08)	(-1.38)
_cons	-3.517	3.673**	0.613
	(-0.12)	(2.04)	(0.01)
FE	控制	控制	控制
N	1360	1360	1360
r2_w	0.460	0.169	0.460
F	30.237	5.688	29.574

注：*、**、***分别表示在10%、5%、1%的水平上显著相关。

二、稳健性检验

为保持结论的稳健性，采用连续24周的股票收益波动率重新估算企业风险承担的市场指标（Var1），再次执行中介效应检验。结果如表7-2所示。

表7-2中的检验结果表明，本书的H9仍然成立，即企业总体风险承担水平是管理者股票期权风险承担激励影响公司绩效的中介变量。

表7-2 企业风险承担的中介效应稳健性检验

	Return	Var1	Return
	(1)	(2)	(3)
Vega	0.019***	0.151***	0.014*
	(4.12)	(5.68)	(1.76)
Var1			0.021***
			(2.25)
Delta	2.502*	-0.212*	0.325*
	(1.92)	(-1.78)	(1.97)
Comp	-1.314*	-2.248*	-4.631
	(-1.79)	(1.75)	(-1.55)
Lnage	26.829	-22.128	28.134
	(1.37)	(-0.35)	(1.43)

续表

	Return	Var1	Return
	(1)	(2)	(3)
Size	0.674***	-15.029*	0.134**
	(2.83)	(-1.86)	(2.03)
Mtb	9.284***	3.167**	4.351**
	(12.16)	(2.81)	(2.24)
Growth	0.046	0.323*	0.148
	(0.90)	(1.84)	(0.58)
Equity to Debt	0.002*	0.003*	0.001*
	(1.81)	(1.80)	(1.82)
Cash Surplus	9.402	37.142*	23.553*
	(1.63)	(1.85)	(1.93)
Tenure	0.325	3.432	0.357
	(0.59)	(1.21)	(0.27)
CEOage	-3.211	-23.145	-6.821
	(-0.15)	(-0.51)	(-0.27)
CEOGD	-23.161	-53.451	-23.662
	(-1.36)	(-1.28)	(-1.58)
_cons	-3.517	3.673**	9.613
	(-0.12)	(2.04)	(0.01)
FE	控制	控制	控制
N	1360	1360	1360
r2_w	0.460	0.199	0.460
F	30.237	8.688	29.574

注：*、**、***分别表示在10%、5%、1%的水平上显著相关。

第四节 本章小结

本章实证考察了企业总体风险承担水平（Var）在管理者股票期权风险承担激励（Vega）对企业业绩（Return）影响中的中介作用。本部分用股票收益率衡量企业业绩,用股票收益率的波动率衡量企业风险承担。实证研究结果表明,企业总体风险承担水平在管理者股票期权风险承担激励对企业业绩的影响中起到部分中介作用。

本书也用会计指标进行中介效应检验,但并非所有的中介效应都显著,说明这种风险承担的中介效应主要体现在股票期权风险承担激励对市场业绩的影响中。受篇幅所限,本书没有将这些实证结果一一列示出来。

第八章 结论与启示

　　股权激励是解决代理问题的重要机制。股权激励可以通过向管理者提供利益协同激励和风险承担激励来缓解股东和管理者之间的代理问题。由于与美国等西方国家所处的制度环境不同，我国实施股权激励的历史并不长，无论是在理论还是实践方面都与西方国家有很大差距。

　　在国内关于股票期权激励的前期研究中，对于股票期权的利益协同效应研究较多，但对股票期权激励的另一个重要特点——风险承担激励却关注较少。实际上，理解股权激励对公司风险承担的影响是很重要的。由于管理者的人力资本和股权资本都集中于其所服务的公司，不能像外部股东那样分散投资风险，所以管理者通常比股东更加厌恶风险。一些研究表明，高管的风险偏好会影响公司的风险承担水平，因此研究股权激励的风险承担效果及其最终对业绩的影响非常重要，这对建立有效的管理者激励机制，进而引导管理者努力提升股东价值有重要意义，这也是公司治理的一个重要方面。那么，在中国特殊的制度和文化背景下，管理者股票期权薪酬到底有怎样的风险承担效应呢？具体而言，管理者股票期权激励如何影响企业的总体风险承担和具体的风险政策？企业风险承担的增加是否会导致更好的业绩？企业风险承担在股票期权对业绩的影响中起到什么作用？立足于中国特殊的制度和文化背景，本书试图从理论和经验上回答上述问题。在文献分析的基础上，本文首先对管理者股票期权激励和企业风险承担的主要论点进行理论分析，其次构建了管理者股权激励、企业风险承担和企业业绩之间关系的理论分析框架，并提出研究假设，最后围绕这一理论框架进行实证分析，对相关假设加以验证。本书主要研究结论、政策建议和不足之处及未来研究方向如下。

第一节　研究结论

本书以 2006~2016 年实施管理者股票期权激励的中国 A 股上市公司为研究样本,从管理者股票期权激励的风险承担效应这一重要视角,实证检验了我国上市公司实施的管理者股票期权激励制度对于企业风险承担的影响及这种影响的经济后果。本书研究的总体结论是:管理者股票期权激励能促进企业承担更多风险和提升企业业绩,这种风险承担效果是管理者股票期权激励影响企业业绩的部分中介变量。下面阐述具体的研究结论。

一、管理者股票期权风险承担激励对风险承担影响的研究结论

在本书中,我们重点关注能降低管理者风险厌恶程度的股票期权风险承担激励的作用。本书提出一些关于股票期权风险承担激励为什么会对企业风险承担产生正向影响的论点,并在中国上市公司样本基础上检查了我们的假设,具体研究结论如下:

首先,本书用股票期权对股票收益率波动率的敏感性衡量股票期权的风险承担激励,用股票收益率波动率和三个会计利润率的波动率指标来衡量企业总体风险承担水平,并进行实证检验。本书研究结论表明,管理者股票期权风险承担激励能对企业公司总体风险承担水平产生正向影响。

其次,本书实证检验了管理者股票期权 Vega 对企业政策的影响,发现股票期权风险承担激励也能影响企业的政策选择,包括实施股票期权激励将导致更多的资本支出、更大的研发投入强度、更高的经营集中度、更高的杠杆水平和更低的有效税率。

最后,本书进一步指出,企业前期风险承担水平和企业可用资源会调节股票期权风险承担激励对风险承担的影响,当企业前期风险较低,或者当企业可用资源较多时,股票期权激励对企业风险承担的影响会更强。

二、管理者股票期权风险承担激励对公司业绩影响的研究结论

国内外文献对于股票期权风险承担激励与业绩或公司价值之间关系的研究并

未达成共识。对于二者的关系有正相关关系、负相关关系以及没有显著关系等多种看法。虽然相关结论仍存在很多争议，但关于股票期权对公司业绩影响的主流理论和实证证据都认为期权激励能增加公司价值，二者呈现正相关关系。本书从股票期权的风险承担角度重新探讨了股票期权激励对业绩的影响。本书用股票收益率衡量企业的市场业绩，同时用总资产收益率、净资产收益率和投入资本净利率衡量企业业绩，并进行回归分析。本书的研究结论表明，在中国资本市场上，实施股权激励的公司可以实现预期目的，用期权 Vega 衡量的管理者股票期权的风险承担激励能够促进企业市场业绩和会计业绩的增加。

三、企业总体风险承担水平对业绩影响的研究结论

由于管理者比股东更加厌恶风险，他们从个人效用最大化角度去做决策，会给企业带来次优的政策选择。企业风险承担水平也体现了管理者自身的风险承受水平。如果授予管理者的期权激励能引导管理者主动承担风险，从而更好地实现股东利益最大化，那么我们应该看到企业风险承担和公司业绩之间的正相关关系。然而，管理者股票期权也可能引导管理者过度风险承担，因此更高的风险导致更高的联结可能未必会导致更高的价值。实际上，存在很多调节风险承担的业绩效应的情境因素。本书在分析中国的经济、文化和制度背景的基础上，提出企业风险承担能促进企业业绩提高的研究假设，并且对此假设进行实证检验。

本书理论研究和实证研究表明，以股票收益波动性衡量的企业风险承担水平越高，则以股票收益率衡量的市场业绩越好。同时，我们还对企业风险承担水平与会计业绩之间的关系进行检验，结论也支持企业风险承担有助于企业业绩提升的假设。

四、企业风险承担的中介效用的研究结论

鉴于股票期权风险承担激励能影响企业风险承担，同时这二者都能够影响企业业绩，所以本书推论企业风险承担激励在股票期权风险承担激励与业绩之间关系中起到中介作用。利用检验中介效应的统计方法，本书的实证结果证明，企业总体风险承担在管理者股票期权激励对企业业绩的影响中起到部分中介作用。

第二节 政策建议

综观本书理论分析和实证检验结果,基本上支持股票期权激励能有效降低管理者风险厌恶、提升企业风险承担水平并最终提高企业业绩的研究结论。因此,本书认为在我国实施股权激励总体上能达到预期效果。由于股权激励的最终效果还取决于股权激励制度实施过程中的公司治理质量、法规配套甚至文化环境等内外因素,为保障我国股权激励制度能更好地发挥作用,特提出以下建议。

一、加强股权激励制度建设,完善股权激励合约设计

本书的研究结论表明,我国上市公司实施的股票期权激励制度能够缓解代理问题,促进企业业绩的提高,尤其是实施股票期权激励能有效提升企业的风险承担水平,这种风险承担水平的提高是股票期权激励促进公司业绩提升的重要渠道。因此,本书的研究对我国实施的股票期权激励制度提供了理论和实证证据的支持。

但目前我国实施的股权激励制度仍存在一些不足之处,尤其是股权激励契约设计还有待提高。例如,很多上市公司的股权激励合约存在有效期短、业绩要求低、契约设计随意性大等问题。虽然本书针对全体上市公司的研究结论表明我国实施的股权激励制度具有激励性,但不能否认有一些公司的股权激励制度并未实现激励的目的,反而呈现福利化特征,其中一个重要原因就是激励契约设计存在缺陷。因此,要实现股权激励目的,必须保障股权激励契约设计的合理性。为加强股权激励制度建设,完善股权激励契约设计,本书认为应做好以下几方面的工作:

首先,要根据企业特点选择激励模式,对于需要鼓励管理者的冒险创新精神的企业,应大力引入股票期权激励,减少限制性股票激励的使用,对于有可能出现过度风险承担的企业,要以限制性股票为主要激励方式。另外,还可以根据企业需要设计和采用其他长期激励模式。企业可以通过对不同激励手段的组合来实现综合的激励效果,力争实现企业所需的风险承担水平与激励模式恰好匹配,唯有如此才能既避免风险承担不足,又能防止管理者的过度风险承担。

其次，要优化激励合约设计，选择合理的业绩标准和行权价格，适当延长等待期和有效期，以保证股权激励合约的长期激励效果。

最后，企业应灵活选择激励对象。目前我国企业大多把公司高管作为主要激励对象，也有越来越多的公司把核心技术人员纳入股权激励对象范围。国外股权激励已经出现将激励对象扩大到大多数员工的趋势，但我国的员工持股计划发展并不充分。我国企业可以结合企业实际情况开展员工持股计划，这样既能促进社会公平公正，也有助于企业的长远发展。

总之，本书认为我国应该继续加强股权激励制度建设，优化管理者的股权激励合约结构，尤其是要充分利用股票期权激励的风险承担效应解决管理者的风险厌恶问题，从而提升股东价值。在股权激励制度建设过程中，我们可以借鉴美国等发达国家指定股权激励合约的经验，但不可以盲目照搬照抄。我们应结合我国独特的经济、文化和制度环境，考虑企业的自身特点，设计出符合企业实际需要的股权激励合约。

二、提升公司治理水平，强化监督与制衡机制

近些年，我国上市公司的公司治理水平有所提升，但仍然与西方发达经济体存在很大差距。我国上市公司中存在的公司治理问题主要表现在：

首先，我国上市公司中不但存在管理者和股东之间的代理问题，而且大股东与小股东之间的矛盾更为突出。管理者经常成为大股东的代言人，并联合大股东侵占小股东的利益。为收买管理者，大股东可能故意在薪酬合约设计上"放水"。

其次，我国上市公司很多是由国有企业改制而来，国有产权的特殊性质使股权激励的实施受到很多限制，在激励力度、激励方式的选择上往往不够灵活。

最后，我国上市公司的治理机制往往不够完善，很多公司的独立董事制度形同虚设，因而对薪酬合约的制定过程缺乏有力的监督。

为实现股权激励的目的，必须提升我国上市公司的公司治理水平。首先，必须完善公司治理机构建设，包括建立健全独立的薪酬委员会，保证企业内的薪酬契约制定机构的独立性，保障股东能实现对薪酬委员会工作的有效监督，并杜绝高管对薪酬合约的干预，避免激励合约成为高管谋利的工具。因此，要加强独立董事制度建设，保证小股东在企业内有足够数量的代言人，防止管理者对董事会的薪酬制度的干预以及管理层与大股东的合谋。对于国有企业，也要完善薪酬制定和考核机制，积极探索灵活的股权激励模式，适当提高激励力度，对管理者的

股权激励不至于流于形式。

三、加强政府监管和服务，优化激励制度的运行环境

通过分析美国管理者薪酬激励制度演变的历史，Murphy（2013）提出，政府干预是过去一个世纪美国管理者薪酬变化的主要驱动力。因此，对于股权激励制度变迁的解释，不能忽略政治因素的影响。在我国股权激励的发展过程中，政府也一直起着主导作用。为继续完善我国的股权激励制度，政府相关部门要强化监管和服务工作，为股权激励创造一个良好的制度和市场环境。

首先，政府应该加强对资本市场的监管，提高资本市场的效率，使高管努力工作的成果能够在股票价格上体现出来。股权激励的基础是股票价格，在一个有效率的市场上，股票价格能及时反映企业的真实信息，可以避免管理者因市场的不规范而不劳而获，也可以防止股价非理性下跌对管理者的伤害，股权激励制度的实施效果会更好。

其次，政府要健全税收政策和会计准则建设，继续改进股权激励监管制度和法规，为股权激励的实施创造一个良好的制度环境。自从2005年实施股权分置改革以来，我国相关部门已经为股权激励制度扫清了很多法律障碍，对相关法规做出大量修订。随着股权激励实践的不断变迁，我国的税收、会计制度及相关法规还应该继续改进，使之适应股权激励发展的趋势，以便能为我国的股权激励实践提供制度支撑。

最后，政府要完善上市公司信息披露制度，强化对信息披露违规的处罚，细化对上市公司高管股权基础薪酬的披露要求，提高信息的透明度，切实保护股东权益，避免股权激励成为高管谋取私利的手段。

第三节　研究不足之处和未来研究方向

本书从股票期权风险承担效应的视角研究管理者股票期权激励的作用机制，丰富了股权激励的相关理论研究，但本书研究也存在一些局限。

第一，本书的研究对象是针对全体管理者的股票期权激励。将企业中层管理者和高层管理者作为一个整体看待，但实际上企业中层管理者和高管的责任范畴

并不同，对其实施股权激励的目的和效果也许会有区别。因此，未来研究可以尝试分别对中层管理者和高管的股权激励加以分析，以便细化这种研究。由于目前国内关于中层管理者股权激励的研究还很少见，更需要通过实证研究增加相关经验证据。另外，我国以普通员工为激励对象的广泛基础的员工股权激励越来越多，但国内对于员工股权激励相关机理的认识仍比较有限，针对普通员工的股权激励也可以成为未来研究的一个方向。

第二，本书的实证研究仅仅使用事后的风险承担证据，这主要反映在各种公司收益波动性指标和公司资本支出、研发强度、经营集中度、财务比率和实际税率等指标上。对于管理者做出行动选择前的风险状况关注不多。作为一种补充，本书执行了对公司原有总体风险状况的调节作用的补充分析，但这种分析仍很粗糙，今后研究中可以对影响管理者风险承担的事先存在的其他环境因素做更加详细全面的分析。另外，除了前期风险状况外，股权激励的最终效果还取决于很多其他内部和外部因素，但本书仅仅研究了部分企业资源的调节作用，今后应拓展对企业资源的分析范围，还可以继续研究其他环境因素对股权激励的调节作用。

第三，一些研究表明，管理者在不断地根据个人效用状态更新其对期权价值的评估，这会影响企业的战略行为。我们并没有对这一问题展开分析。虽然我们控制了导致这种效应的一些管理者个人特征因素，但还是有继续拓展相关研究的空间。

第四，对于公司风险承担的影响，本书只是分别从企业总体风险承担水平和具体风险政策两个方面展开研究，但对于这两者之间的关系并没有深入探讨。从直觉上看，企业的风险政策选择有可能是影响其风险承担水平的中介或渠道，但并没有探讨这种中介效应。今后可以围绕企业总体风险承担和具体风险政策之间的关系开展研究。

第五，为了深入分析股票期权的风险承担效应，有必要深入考察企业风险承担的两种不同形式：过度风险承担和适当风险承担。但本书并没有做这方面的工作。本书通过总结前期文献的研究结论发现，我国企业存在的主要问题是风险承担不足问题，但也不能排除一些企业存在过度风险承担。后续研究可以分析影响企业风险承担水平的其他因素。

第六，虽然进行了一些稳健性检验，但由于不能完全排除内生性，本书的推论可以作为未来研究的平台，继续用新的研究方法和实证证据加以修正，比如可以尝试用联立方程或工具变量法解决内生性问题。

总之，由于本人能力和精力有限，研究中还存在很多疏漏和不足之处，恳请各位专家批评指正。

参考文献

[1] 兹维·博迪, 罗伯特·C. 默顿, 戴维·L. 克利顿. 金融学: Financial economics [M]. 曹辉, 刘澄译校. 北京: 中国人民大学出版社, 2013: 369 – 370.

[2] 白庆辉. 经理人股权激励与公司绩效文献回顾与启示 [J]. 会计师, 2012 (4): 3 – 5.

[3] 白庆辉. 股票期权激励的福利性特征界定及探索 [J]. 上海金融, 2012 (12): 38 – 40, 121.

[4] 陈健, 刘益平, 邱强. 股权激励与高管离职——基于上市公司的经验数据 [J]. 现代财经 (天津财经大学学报), 2017, 37 (3): 23 – 34.

[5] 陈胜蓝, 马慧. 卖空压力与公司并购——来自卖空管制放松的准自然实验证据 [J] 管理世界, 2017 (7): 142 – 156.

[6] 陈胜军, 吕思莹, 白鸽. A 股上市公司股权激励方案实施效果影响因素研究 [J]. 中央财经大学学报, 2016 (12): 121 – 128.

[7] 陈霞. 高管激励、研发投入与企业绩效调节效应实证分析 [J]. 统计与决策, 2017 (1): 178 – 181.

[8] 陈效东. 谁才是企业创新的真正主体: 高管人员还是核心员工 [J]. 财贸经济, 2017, 38 (12): 127 – 144.

[9] 陈艳艳. 股权激励能够增加股东财富吗? [J]. 暨南大学学报 (哲学社会科学版), 2016, 38 (3): 105 – 116.

[10] 杜晶, 李健. 期权激励对经理人风险承担行为的影响——基于文献综述的视角 [J]. 软科学, 2017, 31 (3): 58 – 62.

[11] 冯根福, 赵珏航. 管理者薪酬、在职消费与公司绩效——基于合作博弈的分析视角 [J]. 中国工业经济, 2012 (6): 147 – 158.

[12] 高培勇. 论完善税收制度的新阶段 [J]. 经济研究, 2015, 50 (2): 4 – 15.

［13］顾斌，周立烨. 我国上市公司股权激励实施效果的研究［J］. 会计研究，2007（2）：79-84，92.

［14］韩俊华，干胜道，王宏昌. 控制权与资本结构调整效率——兼论股权激励的调节效应［J］. 山西财经大学学报，2015，37（12）：26-37.

［15］韩亚欣，文芳，许碧莲. 管理者薪酬水平与企业研发投资——基于广东战略性新兴企业的研究［J］. 科技管理研究，2017，37（3）：153-157.

［16］胡艳，马连福. 创业板高管激励契约组合、融资约束与创新投入［J］. 山西财经大学学报，2015，37（8）：78-90.

［17］郝晓雁，任配莘，淮莹莹. 中国农业上市公司股权结构的财务治理效应研究［J］. 经济问题，2013（8）：109-115.

［18］姜付秀，伊志宏，苏飞，黄磊. 管理者背景特征与企业过度投资行为［J］. 管理世界，2009（1）：130-139.

［19］李春霞，叶瑶. 基于负债和经理激励视角的企业投资不足研究——来自中国上市公司的经验证据［J］. 南方经济，2015（1）：71-84.

［20］李刚，陈利军，张丽梅. 限制性股票激励案例研究——以新疆特变电工为例［J］. 新疆社会科学，2016（3）：50-55.

［21］李海霞. CEO权力、风险承担与公司成长性——基于我国上市公司的实证研究［J］. 管理评论，2017，29（10）：198-210.

［22］李江波，赵俐佳. 高级管理层薪酬与公司绩效的实证研究——基于中小企业板公司2006~2008年面板数据分析［J］. 云南财经大学学报，2010，26（2）：80-86.

［23］李小荣，张瑞君. 股权激励影响风险承担：代理成本还是风险规避？［J］. 会计研究，2014（1）：57-63.

［24］李瑞，马德芳，祁怀锦. 高管薪酬与公司业绩敏感性的影响因素——来自中国A股上市公司的经验证据［J］. 现代管理科学，2011（9）：14-16.

［25］雷光勇，王文. 政府治理、风险承担与商业银行经营业绩［J］. 金融研究，2014（1）：110-123.

［26］刘宝华，罗宏，周微. 股权激励行权限制与盈余管理优序选择［J］. 管理世界，2016（11）：141-155.

［27］刘志远，刘倩茹. 业绩型股票期权的管理层收益与激励效果［J］. 中国工业经济，2015（10）：131-145.

［28］吕伟，李明辉. 高管激励、监管风险与公司税负——基于制造业上市

公司的实证研究[J].山西财经大学学报,2012(5):71-78.

[29] 吕长江,张海平.股权激励计划对公司投资行为的影响[J].管理世界,2011(11):118-126.

[30] 吕长江,赵宇恒.国有企业管理者激励效应研究——基于管理者权力的解释[J].管理世界,2008(11):99-109.

[31] 吕长江,郑慧莲,严明珠等.上市公司股权激励制度设计:是激励还是福利?[J].管理世界,2009(9):133-147.

[32] 梁权熙,詹学斯.管理层股权激励、股权分置改革与公司风险承担[J].中南财经政法大学学报,2016(6):143-152.

[33] 雷光勇,王文.政府治理、风险承担与商业银行经营业绩[J].金融研究,2014(1):110-123.

[34] 卢闯,孙健,张修平等.股权激励与上市公司投资行为——基于倾向得分配对方法的分析[J].中国软科学,2015(5):110-118.

[35] 刘飞,王开科.我国中小板上市公司是投资不足还是投资过度?[J].经济评论,2014(4):122-135.

[36] 鲁桐,仲继银,吴国鼎,叶扬,党印.中国中小板、创业板上市公司治理研究(2016)[J].学术研究,2017(2):95-99.

[37] 鲁桐,仲继银,党印,叶扬,吴国鼎.中国中小板、创业板上市公司治理研究(2015)[J].学术研究,2016(11):95-104.

[38] 刘任重,郭雪,徐飞.论金融危机背景下管理层薪酬结构与风险承担、公司价值及经营绩效的关系——基于我国上市商业银行面板数据的实证分析[J].西华大学学报(哲学社会科学版),2016,35(6):46-54.

[39] 刘银国,孙慧倩,王烨,古柳.业绩型股权激励与盈余管理方式选择[J].中国管理科学,2017,25(3):49-58.

[40] 刘志远,刘倩茹.业绩型股票期权的管理层收益与激励效果[J].中国工业经济,2015(10):131-145.

[41] 邱强,卜华,陈健.管理层股权激励方式选择与风险承担——基于内生性视角的研究[J].当代财经,2018(1):122-132.

[42] 任健华,郑少锋.上市公司重大投资公告的市场反应分析[J].财会通讯,2011(14):21-23.

[43] 盛明泉,张春强,王烨.高管股权激励与资本结构动态调整[J].会计研究,2016(2):44-50.

［44］石冠儒．国有企业高层管理者激励机制论略［J］．山东社会科学，2017（3）：139-142.

［45］孙桂琴，马超群，王宇嘉．股票期权计划类型对管理者风险承担行为的影响——基于2006~2012年中国上市公司面板数据［J］．经济与管理研究，2013（11）：25-32.

［46］苏坤．管理层股权激励、风险承担与资本配置效率［J］．管理科学，2015，28（3）：14-25.

［47］尚航标，黄培伦．绩效负向反馈对风险战略行为的影响——股权激励的调节作用［J］．软科学，2014，28（4）：29-32.

［48］屠立鹤，孙世敏．高管股票期权激励、市场竞争与风险承担［J］．证券市场导报，2017（4）：44-54.

［49］屠立鹤，孙世敏，陈怡秀，代玺玲．股票期权激励与高管风险承担的关系——考虑媒体关注的调节作用［J］．技术经济，2016，35（7）：112-122.

［50］屠立鹤，孙世敏，陈怡秀．股票期权激励、高管解雇压力与公司风险承担［J］．经济与管理研究，2017，38（10）：125-135.

［51］田存志，余欢欢．行业管制、股权激励与上市公司风险承担［J］．金融论坛，2016（6）：62-72.

［52］文芳，汤四新．薪酬激励与管理者过度自信——基于薪酬行为观的研究［J］．财经研究，2012，38（9）：48-58.

［53］位华．CEO权力、薪酬激励和城市商业银行风险承担［J］．金融论坛，2012，17（9）：61-67.

［54］吴晓求，应展宇．激励机制与资本结构：理论与中国实证［J］．管理世界，2003（6）：5-14.

［55］吴淑琨．股权结构与公司绩效的"U"型关系研究——1997~2000年上市公司的实证研究［J］．中国工业经济，2002（1）：80-87.

［56］王丹．资源基础视角下战略人力资源管理理论综述［J］．人才资源开发，2017（12）：223-224.

［57］王栋，吴德胜．股权激励与风险承担——来自中国上市公司的证据［J］．南开管理评论，2016，19（3）：157-167.

［58］王栋，王强．业绩型股权激励与收益平滑［J］．现代管理科学，2016（2）：118-120.

［59］王晓旭，张丞，赵丽江．管理者乐观主义与银行风险承担［J］．贵州

社会科学，2015（12）：149-154.

[60] 王秀军，李曜，龙玉. 风险投资的公司治理作用：高管薪酬视角[J]. 商业经济与管理，2016（10）：35-44，56.

[61] 王艳，阚铄. 企业文化与并购绩效[J]. 管理世界，2014（11）：146-157.

[62] 温忠麟，张雷，侯杰泰等. 中介效应检验程序及其应用[J]. 心理学报，2004，36（5）：614-620.

[63] 魏刚. 高级管理层激励与上市公司经营绩效[J]. 经济研究，2000（3）：32-39.

[64] 谢德仁. 经理人激励的细分：隐藏行动、努力成本和风险厌恶[J]. 南开管理评论，2007（4）：29-35.

[65] 谢德仁，陈运森. 业绩型股权激励、行权业绩条件与股东财富增长[J]. 金融研究，2010（12）：99-114.

[66] 徐经长，张璋，张东旭. 高管的风险态度与股权激励方式选择[J]. 经济理论与经济管理，2017（12）：73-87.

[67] 许娟娟，陈艳，陈志阳. 股权激励、盈余管理与公司绩效[J]. 山西财经大学学报，2016，38（3）：100-112.

[68] 杨慧辉. 两大股权激励方式激励作用的比较研究——基于厌恶经理人的委托代理模型分析[J]. 经济经纬，2008（2）：109-113.

[69] 叶陈刚，刘桂春，洪峰. 股权激励如何驱动企业研发支出？——基于股权激励异质性的视角[J]. 审计与经济研究，2015，30（3）：12-20.

[70] 杨瑞龙，刘江. 经理报酬、企业绩效与股权结构的实证研究[J]. 江苏行政学院学报，2002（1）：46-54.

[71] 于东智，谷立日. 上市公司管理层持股的激励效用及影响因素[J]. 经济理论与经济管理，2001（9）：24-30.

[72] 于永阔. 我国上市公司股权激励终止的影响因素研究——基于股权激励执行视角[J]. 云南财经大学学报，2016，32（2）：128-138.

[73] 余明桂，李文贵，潘红波. 管理者过度自信与企业风险承担[J]. 金融研究，2013（1）：149-163.

[74] 赵华伟. 股权激励、公司治理与企业业绩——基于我国上市公司的经验证据[J]. 宏观经济研究，2016（12）：151-159.

[75] 赵华伟. 我国上市公司高管股权激励的市场反应[J]. 金融理论与实

践，2016（5）：50-56.

[76] 赵华伟. 股权激励、公司治理与企业业绩——基于我国上市公司的经验证据[J]. 宏观经济研究，2016（12）：151-159.

[77] 张东旭，张姗姗，董小红. 管理者权力、股权激励与盈余管理——基于倾向评分匹配法和双重差分法的分析[J]. 山西财经大学学报，2016，38（4）：114-124.

[78] 张艺琼，冯均科. 合约特征、高管股权激励与公司内部控制有效性——基于倾向得分匹配法的实证检验[J]. 山西财经大学学报，2018，40（4）：86-100.

[79] 张瑞君，李小荣，许年行. 货币薪酬能激励高管承担风险吗[J]. 经济理论与经济管理，2013（8）：84-100.

[80] 张曦，许琦. 上市公司高管激励与公司绩效关系的实证研究[J]. 商业研究，2013，（3）：108-115.

[81] 赵颖. 国企高管与普通职工薪酬差距的激励效应分析[J]. 中南财经政法大学学报，2016（6）：125-133.

[82] 赵宇恒，邢丽慧，孙悦. 政治关联、高管激励与资本结构[J]. 管理评论，2016，28（11）：150-161.

[83] 朱晓琳，方拥军. CEO权力、高管团队薪酬差距与企业风险承担[J]. 经济经纬，2018，35（1）：100-107.

[84] 翟淑萍，卓然，王玥. 业绩预期压力、高管股权激励与企业投资不足[J]. 金融论坛，2017（6）：38-49.

[85] 支晓强，孙健，王永妍，王柏平. 高管权力、行业竞争对股权激励方案模仿行为的影响[J]. 中国软科学，2014（4）：111-125.

[86] 周伟贤. 投资过度还是投资不足——基于A股上市公司的经验证据[J]. 中国工业经济，2010（9）：151-160.

[87] 周建波，孙菊生. 经营者股权激励的治理效应研究——来自中国上市公司的经验证据[J]. 经济研究，2003（5）：74-82.

[88] Agrawal A, Mandelker G N. Managerial Incentives and Corporate Investment and Financing Decisions[J]. Journal of Finance, 1987, 42（4）：823-837.

[89] Amihud Y, Lev B. Risk Reduction as a Managerial Motive for Conglomerate Mergers[J]. Bell Journal of Economics, 1981, 12（2）：605-617.

[90] Angelis D D, Grullon G Michenaud S. The Effects of Short-selling Threats

on Incentive Contracts: Evidence from an Experiment [J]. Review of Financial Studies, 2017, 30 (7-8): 262-263.

[91] Aboody D. Market Valuation of Employee Stock Options [J]. Journal of Accounting & Economics, 1996, 22 (1-3): 357-391.

[92] Allen F, Qian J, Qian M. Law, Finance, and Economic Growth in China [J]. Journal Of Financial Economics, 2005, 77 (1): 57-116.

[93] Armstrong C S, Vashishtha R. Executive Stock Options, Differential Risk-Taking Incentives, and Firm Value [J]. Journal of Financial Economics, 2012, 104 (1): 70-88.

[94] Arrow K J. Essays in The Theory of Risk-Bearing [J]. Journal of Political Economy, 1971, 27 (5): 1328-1329.

[95] Banerjee R, Gupta K. The Effects of Environment Sustainability and R&D on Corporate Risk-Taking: International Evidence [J]. Energy Economics, 2017 (65): 1-15.

[96] Balachandran S, Kogut B, Harnal H. Did Executive Compensation Encourage Extreme Risk-taking in Financial Institutions? [M]. Working Paper, Columbia University, New York, 2010.

[97] Baker J C. Executive Salaries and Bonus Plans [M]. Mc Graw-Hill, 1938.

[98] Bargeron L, Lehn K J. Zutter C. Sarbanes-Oxley and Corporate Risk-Taking [J]. Journal of Accounting and Economics, 2008 (49): 34-52.

[99] Bebchuk L A, Fried J M, Walker D I. Managerial Power and Rent Extraction in the Design of Executive Compensation [J]. University of Chicago Law Review, 2002, 69 (3): 751-846.

[100] Bebchuk L A, Cremers K J M, Peyer U C. The CEO Pay Slice [J]. Journal of Financial Economics, 2011, 102 (1): 199-221.

[101] Billett M T, Mauer D C, Zhang Y. Stockholder and Bondholder Wealth Effects of CEO Incentive Grants [J]. Financial Management, 2010, 39 (2): 463-487.

[102] Bhaumik S K, Selarka E. Does Ownership Concentration Improve M&A Outcomes in Emerging Markets: Evidence from India [J]. Journal of Corporate Finance, 2012, 18 (4): 717-726.

[103] Bloom M, Milkovich G T. Relationships among Risk, Incentive Pay, and Organizational Performance [J]. Academy of Management Journal, 1998, 41 (3): 283 – 297.

[104] Bolton P, Mehran H, Shapiro J D. Executive Compensation and Risk Taking [J]. 2015, 19 (6): 2139 – 2181,

[105] Boubakri N, Cosset J C, Saffar W. The Role of State and Foreign Owners in Corporate Risk – Taking: Evidence from Privatization [J]. Journal of Financial Economics, 2013, 108 (3): 641 – 658.

[106] Brown L D, Lee Y J. The Determinants and Consequences of Changes in Executive Option – Based Compensation around the Issuance of SFAS 123R [EB/OL]. AAA 2008 Financial Accounting and Reporting Section (FARS) Paper, https://ssrn.com/abstract = 1012306 or http://dx.doi.org/10.2139/ssrn.1012306, August 1, 2007.

[107] Bryan S, Hwang L S, Lilien S. CEO Stock – Based Compensation: An Empirical Analysis of Incentive – Intensity, Relative Mix, and Economic Determinants [J]. Journal of Business, 2000, 73 (4): 661 – 693.

[108] Brickley J A, Bhagat S, Lease R C. The Impact of Long – Range Managerial Compensation Plans on Shareholder Wealth [J]. Journal of Accounting & Economics, 1985, 7 (1): 115 – 129.

[109] Bruner R F. Does M&A Pay? A Survey of Evidence for the Decision – maker [J]. Journal of Applied Finance, 2002, 12 (1): 48 – 96.

[110] Cain M D, Mckeon S B. CEO Personal Risk – taking and Corporate Policies [J]. Journal of Financial and Quantitative Analysis, 2016, 51 (1): 139 – 164.

[111] Cassell C A, Huang S X, Sanchez J M, et al. Seeking Safety: The Relation Between CEO Inside Debt Holdings and The Riskiness of Firm Investment and Financial Policies [J]. Journal of Financial Economics, 2012, 103 (3): 588 – 610.

[112] Carpenter J N. Does Option Compensation Increase Managerial Risk Appetite? [J]. Journal of Finance, 2000, 55 (5): 2311 – 2331.

[113] Carter M E, Lynch L J, Tuna I. The Role of Accounting in the Design of CEO Equity Compensation [J]. Accounting Review, 2007, 82 (2): 327 – 357.

[114] Castanias R P, Helfat C E. Managerial Resources and Rents [J]. Journal of Management, 1991, 17 (1): 155 – 171.

[115] Chava S, Roberts M R. How Does Financing Impact Investment? The Role of Debt Covenants [J]. The Journal of Finance, 2008, 63 (5): 2085–2121.

[116] Chen H-L. Board Capital, CEO Power and R&D Investment in Electronics Firms [J]. Corporate Governance: An International Review, 2014, 22 (5): 422–36.

[117] Chen Y R. The Impact of Executive Stock Options on Managerial Risk Taking [J]. Dissertation Abstracts International, 2003, 64 (9): 3366–3388.

[118] Chen Y R, Chen C R, Chu C K. The Effect of Executive Stock Options on Corporate Innovative Activities [J]. Financial Management, 2014, 43 (2): 271–290.

[119] Chen K P, Chu C Y C. Internal Control Versus External Manipulation: A Model of Corporate Income Tax Evasion [J]. Rand Journal of Economics, 2005: 151–164.

[120] Cohen R B, Hall B J, Viceira L M. Do Executive Stock Options Encourage Risk-Taking [R]. Working Paper, Harvard University, 2000.

[121] Coles J L, Daniel N D, Naveen L. Managerial Incentives and Risk-taking [J]. Journal of financial Economics, 2006, 79 (2): 431–468.

[122] Core J E, Guay W R. The Other Side of the Trade-off: The Impact of Risk on Executive Compensation: A Revised Comment [EB/OL]. https://ssrn.com/abstract=292955 or http://dx.doi.org/10.2139/ssrn.292955, November, 2002.

[123] Covin J G, Slevin D P. Adherence to Plans, Risk Taking, and Environment as Predictors of Firm Growth [J]. Journal of High Technology Management Research, 1998, 9 (2): 207–237.

[124] Conyon M J, He L. CEO Turnover in China: The Role of Market-Based and Accounting Performance Measures [J]. European Journal of Finance, 2012 (7–9): 657–680.

[125] Crocker K J, Slemrod J. Corporate Tax Evasion with Agency Costs [J]. Journal of Public Economics, 2005, 89 (9–10): 1593–1610.

[126] Currim I S, Lim J, Kim J W. You Get What You Pay For: The Effect of Top Executives' Compensation on Advertising and R&D Spending Decisions and Stock Market Return. [J]. Journal of Marketing, 2012, 76 (5): 33–48.

[127] Daigle S R, Olhava E J, Therkelsen C A, et al. An Operationalization of Managerial Risk-Taking and its Performance Implications in Tunisian Context [J]. Journal of Emerging Market Finance, 2014, 8 (3): 289–314.

[128] Dechow P M, Sloan R G. Executive Incentives and The Horizon Problem: An Empirical Investigation [J]. Journal of Accounting and Economics, 1991, 14 (1): 51-89.

[129] Defusco R A, Johnson R R, Zorn T S. The Effect of Executive Stock Option Plans on Stockholders and Bondholders [J]. Journal of Finance, 1990, 45 (2): 617-627.

[130] Denis D J, Denis D K, Sarin A. Managerial Incentives and Corporate Diversification Strategies [J]. Journal of Applied Corporate Finance, 1997, 10 (2): 72-80.

[131] Desai M A, Dharmapala D. Corporate Tax Avoidance and Firm Value [J]. The Review of Economics and Statistics, 2009, 91 (3): 537-546.

[132] Dess G G, Lumpkin G T. Research Edge: The Role of Entrepreneurial Orientation in Stimulating Effective Corporate Entrepreneurship [J]. The Academy of Management Executive (1993-2005), 2005, 19 (1): 147-156.

[133] Devers C E, Wiseman R M, Holmes R M. The Effects of Endowment and Loss Aversion in Managerial Stock Option Valuation [J]. Academy of Management Journal, 2007, 50 (1): 191-208.

[134] Dittmann I, Maug E. Lower Salaries and No Options? On the Optimal Structure of Executive Pay [J]. Journal of Finance, 2007, 62 (1): 303-343.

[135] Doupnik T, Tsakumis G. A Critical Review of Tests of Gray's Theory of Cultural Relevance and Suggestions for Future Research [J]. Journal of Accounting Literature, 2004, 23 (1): 1-48.

[136] Duan J C, Wei J. Executive Stock Options and Incentive Effects Due to Systematic Risk [J]. Journal of Banking & Finance, 2005, 29 (5): 1185-1211.

[137] Dyreng S D, Hanlon M, Maydew E L. Long-Run Corporate Tax Avoidance [J]. The Accounting Review, 2008, 83 (1): 61-82.

[138] Eisenhardt K M. Agency Theory: An Assessment and Review [J]. Academy of Management Review, 1989, 14 (1): 57-74.

[139] Eric V D S. Too Motivated? [EB/OL] MIT Sloan Working Paper No. 4547-05. https://ssrn.com/abstract=746765 or http://dx.doi.org/10.2139/ssrn.746765, June, 2005.

[140] Erle B. Tax Risk Management and Board Responsibility [M] Tax and cor-

porate governance. Springer, Berlin, Heidelberg, 2008: 205 –220.

[141] Faccio M, Marchica M T, Mura R. CEO Gender, Corporate Risk – taking, and the Efficiency of Capital Allocation [J]. Journal of Corporate Finance, 2016, 39 (1): 193 –209.

[142] Fama E F. Agency Problems and the Theory of the Firm [J]. Journal of Political Economy, 1980, 88 (2): 288 –307.

[143] Fama E F, Jensen M C. Agency Problems and Residual Claims [J]. The Journal of Law and Economics, 1983, 26 (2): 327 –349.

[144] Faccio M, Marchica M T, Mura R. Large Shareholder Diversification and Corporate Risk – Taking [J]. Review of Financial Studies, 2011, 24 (11): 3601 –3641.

[145] Fahlenbrach R, Stulz R M. Bank CEO Incentives and the Credit Crisis [J]. Journal of Financial Economics, 2011, 99 (1): 11 –26.

[146] Fama E F, Jensen M C. Seperation of Ownership and Control [J]. Journal of Law & Economics, 1983, 26 (2): 301 –325.

[147] Fan J P H, Wong T J. Corporate Ownership Structure and the Informativeness of Accounting Earnings in East Asia [J]. Journal of Accounting and Economics, 2002, 33 (3): 401 –425.

[148] Ferris S P, Javakhadze D, Rajkovic T, An International Analysis of CEO Social Capital and Corporate Risk – Taking. [J]. European Financial Management, 2019, 25 (1): 3 –37.

[149] Feltham G A, Wu M G H. Incentive Efficiency of Stock versus Options [J]. Review of Accounting Studies, 2001, 6 (1): 7 –28.

[150] Frydman C, Jenter D. CEO Compensation [J]. Annual Review of Financial Economics, 2010, 2 (1): 75 –102.

[151] Frydman C, Saks R E. Executive Compensation: A New View from a Long – Term Perspective, 1936 – 2005 [J]. Social Science Electronic Publishing, 2010, 23 (5): 2099 –2138.

[152] Gaertner F B. CEO After – Tax Compensation Incentives and Corporate Tax Avoidance [J]. Contemporary Accounting Research, 2014, 31 (4): 1077 –1102.

[153] Gibbons R, Murphy K J. Optimal Incentive Contracts in the Presence of Career Concerns: Theory and Evidence [J]. Journal of Political Economy, 1992, 100

(3): 468-505.

[154] Gormley T A, Matsa D A. Growing out of Trouble? Corporate Responses to Liability Risk [J]. Review of Financial Studies, 2011, 24 (8): 2781-2821.

[155] Gormley T A, Matsa D A, Milbourn T. CEO Compensation and Corporate Risk: Evidence from a Natural Experiment [J]. Journal of Accounting and Economics, 2013, 56 (2-3): 79-101.

[156] Graham J R, Harvey C R, Puri M. Managerial Attitudes and Corporate Actions [J]. Journal of Financial Economics, 2013, 109 (1): 103-121.

[157] Grossman S J, Hart O D. The Costs and Benefits of Ownership: A Theory of Vertical and Lateral Integration [J]. Journal of Political Economy, 1986, 94 (4): 691-719.

[158] Guay W R. The Sensitivity of CEO Wealth to Equity Risk: An Analysis of the Magnitude and Determinants [J]. Journal of Financial Economics, 1999, 53 (1): 43-71.

[159] Gilley K M, Walters B A, Olson B J. Top Management Team Risk-Taking Propensities and Firm Performance: Direct and Moderating Effects [J]. Journal of Business Strategies, 2002, 19 (2): 95-124.

[160] Griffin D, Li K, Yue H, et al. Cultural Values and Corporate Risk-Taking [C]. 中国金融国际年会, 2009.

[161] Hayes R M, Lemmon M, Qiu M. Stock Options and Managerial Incentives for Risk-Taking: Evidence from Fas 123R [J]. Journal of Financial Economics, 2012, 105 (1): 174-190.

[162] Haubrich J G. Risk Aversion, Performance Pay, and the Principal-Agent Problem [J]. Journal of Political Economy, 1994, 102 (2): 258-276.

[163] Haugen R A, Senbet L W. Resolving the Agency Problems of External Capital through Options [J]. Journal of Finance, 1981, 36 (3): 629-647.

[164] Hall B J, Liebman J B. Are CEOs Really Paid Like Bureaucrats? [J]. Quarterly Journal of Economics, 1998, 113 (3): 653-691.

[165] Hall B H. The Financing of Research and Development [J]. Oxford Review of Economic Policy, 2002, 18 (1): 35-51.

[166] Hall B J, Murphy K J. Stock Options for Undiversified Executives [J]. Journal of Accounting & Economics, 2002, 33 (1): 3-42.

[167] Hall B J. The Pay to Performance Incentives of Executive Stock Options. [EB\OL] NBER Working Paper No. w6674, https://ssrn.com/abstract = 226360, August 1998.

[168] Hanlon M, Heitzman S. A Review of Tax Research [J]. Journal of Accounting & Economics, 2010, 50 (2 – 3): 127 – 178.

[169] Han S, Kang T, Salter S, et al. A cross – Country Study on the Effects of National Culture on Earnings Management [J]. Journal of International Business Studies, 2010, 41 (1): 123 – 141.

[170] Hayes R M, Lemmon M, Qiu M. Stock Options and Managerial Incentives for Risk Taking: Evidence from FAS 123R [J]. Journal of Financial Economics, 2012, 105 (1): 174 – 190.

[171] Hegde S P, Mishra D R. Strategic Risk – Taking and Value Creation: Evidence from the Market for Corporate Control [J]. International Review of Economics & Finance, 2017, 48 (3): 212 – 234.

[172] Henderson V. The Impact of the Market Portfolio on the Valuation, Incentives and Optimality of Executive Stock Options [J]. Quantitative Finance, 2005, 5 (1): 35 – 47.

[173] Hilary G, Hui K W. Does Religion Matter in Corporate Decision Making in America? [J]. Social Science Electronic Publishing, 2009, 93 (3): 455 – 473.

[174] Hirshleifer D, Suh Y. Risk, Managerial Effort, and Project Choice [J]. Journal of Financial Intermediation, 1992, 2 (3): 308 – 345.

[175] Hite G L, Long M S. Taxes and Executive Stock Options [J]. Journal of Accounting & Economics, 1982, 4 (1): 3 – 14.

[176] Holmstrom B, Milgrom P. Aggregation and Linearity in the Provision of Intertemporal Incentives [J]. Econometrica, 1987, 55 (2): 303 – 328.

[177] Hoskisson R E, Chirico F, Zyung J, et al. Managerial Risk Taking: A Multitheoretical Review and Future Research Agenda [J]. Journal of management, 2017, 43 (1): 137 – 169.

[178] Hofstede G. Cultural Differences in Teaching and Learning [J]. International Journal of Intercultural Relations, 1986, 10 (3): 301 – 320.

[179] Hofstede G J, Minkov M. Cultures and Organizations: Software of The Mind: Intercultural Cooperation and Its Importance For Survival [M]. McGraw – Hill,

2010.

[180] Holmstrom B. Moral Hazard and Observability [J]. Bell Journal of Economics, 1979, 10 (1): 74-91.

[181] Hutton I, Jiang D, Kumar A. Corporate Policies of Republican Managers [J]. Social Science Electronic Publishing, 2014 (49): 5-6.

[182] Inderst R, Pfeil S. Securitization and Compensation in Financial Institutions [J]. Review of Finance, 2013, 17 (4): 1323-1364.

[183] Ittner C D, Lambert R A, Larcker D F. The Structure and Performance Consequences of Equity Grants to Employees of New Economy Firms [J]. Journal of Accounting & Economics, 2003, 34 (1): 89-127.

[184] Irving J H, Landsman W R, Lindsey B P. The Valuation Differences Between Stock Option and Restricted Stock Grants for US Firms [J]. Journal of Business Finance & Accounting, 2011, 38 (3-4): 395-412.

[185] Jensen M C, Ruback R S. The Market for Control [J]. Journal of Financial Economics, 1983, 11 (1-4): 299-322.

[186] Jensen M C, Meckling W H. Theory of the Firm: Managerial Behavior, Agency Costs, and Ownership Structure [M]. Economics Social Institutions. Springer Netherlands, 1976: 305-360.

[187] Jensen M C, Murphy K J. Performance Pay and Top-management Incentives [J]. Journal of Political Economy, 1990, 98 (2): 225-264.

[188] Jeffrey L. Coles, Naveen D. Daniel, Lalitha Naveen. Managerial Incentives and Risk-Taking [J]. Journal of Financial Economics, 2006, 79 (2): 431-468.

[189] Jin L. CEO Compensation, Diversification, and Incentives. [J]. Journal of Financial Economics, 2002 (66): 29-63.

[190] John K, Litovl, Yeung B. Corporate Governance and Risk-Taking [J]. Journal of Finance, 2008, 63 (4): 1679-1728.

[191] Johnson S A, Tian Y S. Indexed Executive Stock Options [J]. Journal of Financial Economics, 2000, 57 (1): 35-64.

[192] Jonathan E, Ingersoll J R. The Subjective and Objective Evaluation of Incentive Stock Options [J]. Journal of Business, 2006, 79 (2): 453-487.

[193] Ju N, Leland H E, Senbet L W. Options, Option Repricing and Severance Packages in Managerial Compensation: Their Effects on Corporate Risk [EB/OL]. ht-

tps: //ssrn.com/abstract =346920, 2002.

[194] Kahneman D, Tversky A. Prospect Theory: An Analysis of Decision under Risk Title [J]. Econometrica, 1979, 47 (2): 263 – 292.

[195] Kadan O, Swinkels J M. Stocks or Options? Moral Hazard, Firm Viability, and the Design of Compensation Contracts [J]. Review of Financial Studies, 2008, 21 (1): 451 – 482.

[196] Kim K, Patro S, Pereira R. Option Incentives, Leverage, and Risk – Taking [J]. Journal of Corporate Finance, 2017 (43): 1 – 18.

[197] Knopf J D, Nam J, Thornton J H. The Volatility and Price Sensitivities of Managerial Stock Option Portfolios and Corporate Hedging [J]. Journal of Finance, 2002, 57 (2): 801 – 813.

[198] Larcker D F. The Association Between Performance Plan Adoption and Corporate Capital Investment [J]. Journal of Accounting & Economics, 1983, 5 (83): 3 – 30.

[199] Lambert R A, Larcker D F, Verrecchia R E. Portfolio Considerations in Valuing Executive Compensation [J]. Journal of Accounting Research, 1991, 29 (1): 129 – 149.

[200] Lambert R A, Larcker D F. Stock Options, Restricted Stock, and Incentives [EB/OL]. Ssrn Electronic Journal. https://doi.org/10.2139/ssrn.527822, 2011.

[201] Lambert R A, Lanen W N, Larcker D F. Executive Stock Option Plans and Corporate Dividend Policy [J]. Journal of Financial & Quantitative Analysis, 1989, 24 (4): 409 – 425.

[202] Landsman W R, Lang M H, Yeh S. Governance and the Split of Options between Executive and Non – executive Employees [J]. Journal of Accounting Auditing & Finance, 2007, 22 (2): 109 – 138.

[203] Lam S S, Chng B F. Do Executive Stock Option Grants Have Value Implications for Firm Performance? [J]. Review of Quantitative Finance & Accounting, 2006, 26 (3): 249 – 274.

[204] Lee J, Oh J, Yermack D. Credit Default Swaps, Agency Problems, and Management Incentives [R]. Nber Working Papers24064, National Bureau of Economic Research, Inc., 2017.

[205] Lee B B, Dobiyanski A, Minton S. Theories and Empirical Proxies for

Corporate Tax Avoidance [J]. Journal of Applied Business & Economics, 2015, 17 (3): 21 - 34.

[206] Lehn K, Poulsen A. Free Cash Flow and Stockholder Gains in Going Private Transactions [J]. Journal of Finance, 1989, 44 (3): 771 - 787.

[207] Lewellen W G. A Pure Financial Rationale for The Conglomerate Merger [J]. Journal of Finance, 1971, 26 (2): 521 - 537.

[208] Ljungqvist A, Zhang L, Zuo L. Sharing Risk with the Government: How Taxes Affect Corporate Risk - Taking [J]. Journal of Accounting Research, 2017, 55 (3): 669 - 707.

[209] Low A. Managerial Risk - Taking Behavior and Equity - Based Compensation [J]. Journal of Financial Economics, 2009, 92 (3): 470 - 490.

[210] Main B G M. Top Executive Pay and Performance [J]. Managerial & Decision Economics, 2010, 12 (3): 219 - 229.

[211] May D O. Do Managerial Motives Influence Firm Risk Reduction Strategies? [J]. Journal of Finance, 1995, 50 (4): 1291 - 1308.

[212] Melicher R W, Rush D F. The Performance of Conglomerate Firms: Recent Risk and Return Experience [J]. Journal of Finance, 1973, 28 (2): 381 - 388.

[213] Mehran H. Executive Compensation Structure, Ownership, and Firm Performance [J]. Journal of Financial Economics, 1995, 38 (2): 163 - 184.

[214] Milbourn T T. CEO Reputation and Stock - Based Compensation [J]. Journal of Financial Economics, 2003, 68 (2): 233 - 262.

[215] Mirrlees J A. The Optimal Structure of Incentives and Authority within an Organization [J]. Bell Journal of Economics, 1976, 7 (1): 105 - 131.

[216] Milidonis A, Stathopoulos K, Do U S. Insurance Firms Offer the "Wrong" Incentives to Their Executives? [J]. Journal of Risk & Insurance, 2011, 78 (3): 643 - 672.

[217] Milgrom P, Roberts J. An Economic Approach to Influence Activities in Organizations [J]. American Journal of Sociology, 1988 (94): 154 - 179.

[218] Morck R, Shleifer A, Vishny R W. Management Ownership and Corporate Performance: An Empirical Analysis [J]. Social Science Electronic Publishing, 2004, 5 (4): 1441 - 1453.

[219] Murphy K. Executive Compensation [J]. Handbook of Labor Economics,

1999, 3 (2): 2485 – 2563.

[220] Murphy K J. Handbook of the Economics of Finance. [M]. Elsevier North – Holland. 2013: 211 – 356.

[221] Morgan A G, Poulsen A B. Linking Pay to Performance—Compensation Proposals in the S&P 500 [J]. Journal of Financial Economics, 2001, 62 (3): 489 – 523.

[222] Myers S C, Majluf N S. Corporate Financing and Investment Decisions When Firms Have Information That Investors Do Not Have [J]. National Bureau of Economic Research, 1984, 13 (2): 187 – 221.

[223] Palia D. The Endogeneity of Managerial Compensation in Firm Valuation: A Solution [J]. The Review of Financial Studies, 2001, 14 (3): 735 – 764.

[224] Pastor L, Veronesi P. Stock Valuation and Learning about Profitability [J]. Journal of Finance, 2003, 58 (5): 1749 – 1789.

[225] Prendergast C. The Empirical Content of Pay – for – Performance [J]. Journal of Law Economics & Organization, 2015, 31 (2): 242 – 261.

[226] Phillips R. Stakeholder Theory and Organizational Ethics [M]. Berrett – koehler Publishers, 2003.

[227] Piotroski J D, Wong T J, Zhang T. Political Incentives To Suppress Negative Information: Evidence from Chinese Listed Firms [J]. Journal of Accounting Research, 2015, 53 (2): 405 – 459.

[228] Porter M E. From Competitive Advantage to Corporate Strategy [J]. Harvard Business Review, 1987, 65 (3): 43 – 59.

[229] QF. Continuous – time Finance [M]. B. Blackwell, 1992.

[230] Rajgopal S, Shevlin T. Empirical Evidence on the Relation between Stock Option Compensation and Risk Taking [J]. Journal of Accounting & Economics, 2002, 33 (2): 145 – 171.

[231] Rego S O, Wilson R. Equity Risk Incentives and Corporate Tax Aggressiveness [J]. Social Science Electronic Publishing, 2012, 50 (3): 775 – 810.

[232] Ross S A. Compensation, Incentives, and the Duality of Risk Aversion and Riskiness [J]. Journal of Finance, 2004, 59 (1): 207 – 225.

[233] Ross S A. The Economic Theory Of Agency: The Principal's Problem [J]. The American Economic Review, 1973, 63 (2): 134 – 139.

[234] Sanders W G, Hambrick D C. Swinging for the Fences: The Effects of CEO Stock Options on Company Risk Taking and Performance [J]. Academy of Management Journal, 2007, 50 (5): 1055–1078.

[235] Schrand C M, Unal H. Hedging and Coordinated Risk Management: Evidence from Thrift Conversions [J]. Journal of Finance, 1998, 53 (3): 979–1013.

[236] Seidman J K, Stomberg B. Equity Compensation and Tax Avoidance: Disentangling Managerial Incentives from Tax Benefits and Reexamining the Effect of Shareholder Rights [J]. Journal of the American Taxation Association, 2017, 39 (2): 238–264.

[237] Sesil J C, Kroumova M K, Blasi J R, et al. Broad-based Employee Stock Options in US "New Economy" Firms [J]. British Journal of Industrial Relations, 2002, 40 (2): 273–294.

[238] Shen C H, Lin C Y, Wang Y C. Do Strong Corporate Governance Firms Still Require Political Connection, and Vice Versa? [J]. International Review of Economics & Finance, 2015 (39): 107–120.

[239] Sharma D S, Ho J. The Impact of Acquisitions on Operating Performance: Some Australian Evidence [J]. Journal of Business Finance & Accounting, 2002, 29 (1–2): 155–200.

[240] Sikka P, Willmott H. The Dark Side of Transfer Pricing: Its Role in Tax Avoidance and Wealth Retentiveness [J]. Critical Perspectives on Accounting, 2010, 21 (4): 342–356.

[241] Slemrod J. The Economics of Corporate Tax Selfishness [R]. National Bureau Of Economic Research, 2004.

[242] Smith C W, Stulz R M. The Determinants of Firms' Hedging Policies [J]. Journal of Financial & Quantitative Analysis, 1985, 20 (4): 391–405.

[243] Smith J, Watts R L. The Investment Opportunity Set and Corporate Financing, Dividend, and Compensation Policies [J]. Journal of Financial Economics, 1992, 32 (3): 263–292.

[244] Srivastav A, Armitage S, Hagendorff J. CEO inside Debt Holdings and Risk-shifting: Evidence from Bank Payout Policies [J]. Journal of Banking & Finance, 2014, 47 (1): 41–53.

[245] Stulz R M. Optimal Hedging Policies [J]. Journal of Financial & Quanti-

tative Analysis, 1984, 19 (2): 127 – 140.

[246] Taussig F W, Barker W S. American Corporations and Their Executives: A Statistical Inquiry [J]. Quarterly Journal of Economics, 1925, 40 (1): 1 – 51.

[247] Tian Y S. Too Much of a Good Incentive? The Case of Executive Stock Options [J]. Journal of Banking & Finance, 2004, 28 (6): 1225 – 1245.

[248] Tosi H L, Werner S, Katz J P, et al. How Much Does Performance Matter? A Meta – analysis of CEO Pay Studies [J]. Journal of Management, 2000, 26 (2): 301 – 339.

[249] Tufano P. Who Manages Risk? An Empirical Examination of Risk Management Practices in the Gold Mining Industry [J]. Journal of Finance, 1996, 51 (4): 1097 – 1137.

[250] Tany Y, Sabatini – Marques J, Da – Costa E M, et al. Stimulating Technological Innovation through Incentives: Perceptions of Australian and Brazilian firms [J]. Technological Forecasting & Social Change, 2019 (146): 403 – 412.

[251] Viral V, Amihud Y, Litov L. Creditor Rights and Corporate Risk – Taking [J]. Social Science Electronic Publishing, 2009, 102 (1): 150 – 166.

[252] Wells H. "No Man Can Be Worth Mym1, 000, 000 a Year": The Fight over Executive Compensation in 1930s America [J]. America. University of Richmond Law Review, 2009 (44): 689 – 769

[253] Williams M A, Rao R P. CEO Stock Options and Equity Risk Incentives [J]. Journal of Business Finance & Accounting, 2006, 33 (1 – 2): 26 – 44.

[254] Wilson R. The Theory of Syndicates [J]. Econometrica, 1968, 36 (1): 119 – 132.

[255] Wowak A J, Mannor M J, Wowak K D. Throwing Caution to the Wind: The Effect of CEO Stock Option Pay on the Incidence of Product Safety Problems [J]. Strategic Management Journal, 2015, 36 (7): 1082 – 1092.

[256] Wright P, Kroll M, Lado A, et al. The Structure of Ownership and Corporate Acquisition Strategies [J]. Strategic Management Journal, 2002, 23 (1): 41 – 53.

[257] Wright P, Kroll M, Krug J A, et al. Influences of Top Management Team Incentives on Firm Risk Taking [J]. Strategic Management Journal, 2007, 28 (1): 81 – 89.

[258] Wright P, Ferris S P, Sarin A, et al. Impact of Corporate Insider, Block-

holder, and Institutional Equity Ownership on Firm Risk – Taking [J]. Academy of Management Journal, 1996, 39 (2): 441 –463.

[259] Yadav M S, Prabhu J C, Chandy R K. Managing the Future: CEO Attention and Innovation Outcomes [J]. Journal of Marketing, 2007, 71 (4): 84 –101.

[260] Yermack D. Good Timing: CEO Stock Option Awards and Company News Announcements [J]. Journal of Finance, 1997, 52 (2): 449 –476.

[261] Zeng J H, Tan L P, Chen X H. Managerial Equity Incentive, Corporate Risk – Taking, and Corporate Performance [J]. International Journal of Simulation & Process Modelling, 2014, 9 (4): 246 –254.